神仙爱情

陈漱渝 等 注　　鲁迅 等 著

文豪情书

中国宇航出版社

·北京·

图书在版编目（CIP）数据

神仙爱情 / 鲁迅等著；陈漱渝等注. -- 北京：中国宇航出版社，2022.8

（文豪情书）

ISBN 978-7-5159-2089-4

Ⅰ．①神… Ⅱ．①鲁… ②陈… Ⅲ．①作家－书信集－中国－民国 Ⅳ．①K825.6

中国版本图书馆CIP数据核字(2022)第107872号

策划编辑 李昕遥	**装帧设计** 刘雅娴　李　松		
责任编辑 李光燕	**责任校对** 刘　杰		

出　版
发　行　　中国宇航出版社

社　址　北京市阜成路 8 号　　　　邮　编　100830
　　　　　（010）68768548
网　址　www.caphbook.com
经　销　新华书店
发行部　（010）68767386　　　　（010）68371900
　　　　　（010）68767382　　　　（010）88100613（传真）
零售店　读者服务部
　　　　　（010）68371105
承　印　北京中科印刷有限公司
版　次　2022 年 8 月第 1 版　　　2022 年 8 月第 1 次印刷
规　格　880×1230　　　　　　　开　本　1/32
印　张　8.25　　　　　　　　　　字　数　240 千字
书　号　ISBN 978-7-5159-2089-4
定　价　68.00 元

本书如有印装质量问题，可与发行部联系调换

这才是神仙爱情啊！

至少还有书籍。

你是人间宝藏

读一本有爱的书，爱一个有心的人，相信自己就是人间宝藏。

《神仙爱情》精选鲁迅、萧红、朱自清、闻一多、庐隐和朱生豪写给爱人的书信，配以部分作家珍藏的书信手稿，完美呈现了他们三观超正的爱情。书中将一些惊艳众生的"高甜度"民国情话加以特殊标记，可以称得上二十世纪值得珍藏的文字。为什么要频频写信？又为什么要苦苦等信？因为见字如面，因为爱需要被毫无保留地表达出来，因为爱等同于善意，出于爱，人能做出最美好的事。

鲁迅说："我寄你的信，总要送往邮局，不喜欢放在街边的绿色邮筒中，我总疑心那里会慢一点。"在中国现代文学史上，鲁迅无疑是群星中最闪耀的一颗，是用"笔杆子打仗的"革命家，大部分人以为他似乎不懂爱情，也可能不需要爱情。但在爱情面前，伟人也可以大胆地追求爱与被爱。

被称为"文学洛神"的萧红，是民国四大才女之一，也是鲁迅的爱徒。她一生都在寻找一个可以托付终身的男人，可惜没有一个男人能成为她的救赎。读过萧红的书信，让我知道原来一个人可以爱得那么卑微，可以为另一个人那么牵肠挂肚。

一提到朱自清，首先让人想到的一定是教科书里的《背影》和《荷塘月色》。除了著名作家这个身份，他还是一个"宠妻狂魔"，像"竹隐、隐、亲爱的隐妹、亲爱的宝妹妹、亲爱的宝宝、小东西、我的宝、我的乖"这些在今天听起来都很肉麻的称呼，都曾是朱自清对陈竹隐的爱称。

伟大的爱国民主战士闻一多在感情里原来那么粘人。他在给妻子的信中说："亲爱的，我不怕死，只要我俩死在一起。我的心肝，我亲爱的妹妹，你在哪里？从此我再不放你离开我一天，我的肉，我的心肝！你一哥在想你，想得要死！"

庐隐与冰心、林徽因并称为"福州三大才女"。本书收录了庐隐写给李唯建的书信，她说："希望你永远温柔地用你的两臂将我环住吧。"他们之间双向奔赴的"姐弟恋"就是美好的爱情本该有的模样。

朱生豪说："想把你抱起来高高地丢到天上去。"真实呈现了民国版的"亲亲抱抱举高高"。他的一生只做了两件事，翻译莎士比亚和爱宋清如。

其实，我们终此一生都在寻找一个灵魂伴侣，而不是一个搭伙过日子的人。希望正在读这本书的你，拥有一切的好运气，恰巧遇到那个你一见就笑、一见你就笑的人。

目录

第一章

鲁迅致许广平

/001

第二章

萧红致萧军

/053

第三章

朱自清致陈竹隐

/097

第四章

闻一多致高孝贞

/129

第五章

庐隐致李唯建

/165

第六章

朱生豪致宋清如

/199

附录

附录 A　一生只写给一人

/ 248

附录 B　情侣一起完成的 77 件事

/ 251

第一章
鲁迅致许广平

两地相思一样情。

廣平兄：

今日得十九來信，十六日信終于来到，而以我不知你住址，但照信面所寫的發了一信，不知能到否？因此另寫一信，掛號寄學校，冀兩信中有一信可到。

前日得郁達夫及過安信，說當于十五發，似于中大頗不滿。又得中大委員會信，十五發，催我速往，言正教授只我一人。然則當是主任。擬即作復，說一月底才可以離廈，但也許伏園已經替我說明了。

我想不做主任，只教書。

履校一月十五考試，閱卷人等候薪水等，恐至早須
廿八九才得動身。我想先往義找，此後則看情形再定。
我除十二、十三，各事一律外。十六、二十一，又
與教課，不机收到否？
電燈壞了，洋燭已盡，又無處買添，只得睡覺，遂
筆夜真是不便極了。
此地現頗冷，我的天穿夹袍，夜穿虎袍，其實棉袍
已夠，而我懶于取出。

迅，

十二月廿三夜。

告我通信地址。

第1封

广平兄：

今天[1]收到来信，有些问题恐怕我答不出，姑且写下去看——

学风如何，我以为是和政治状态及社会情形相关的，倘在山林中，该可以比城市好一点，只要办事人员好。但若政治昏暗，好的人也不能做办事人员，学生在学校中，只是少听到一些可厌的新闻，待到出了校门，和社会相接触，仍然要苦痛，仍然要堕落，无非略有迟早之分。所以我的意思，以为倒不如在都市中，要堕落的从速堕落罢，要苦痛的速速苦痛罢，否则从较为宁静的地方突到闹处，也须意外地吃惊受苦，而其苦痛之总量，与本在都市者略同。

学校的情形，也向来如此，但一二十年前，看去仿佛较好者，乃是因为足够办学资格的人们不很多，因而竞争也不猛烈的缘故。现在可多了，竞争也猛烈了，于是坏脾气也就彻底显出。教育界的称为清高，本是粉饰之谈，其实和别的什么界都一样，人的气质不大容易改变，进几年大学是无甚效力的。况且又有这样的环境，正如人身的血液一坏，体中的一部分决不能独保健康一样，教育界也不会在这样的民国里特别清高的。

所以，学校之不甚高明，其实由来已久，加以金钱的魔力，本是非常之大，而中国又是向来善于运用金钱诱惑法术的地方，于是自然就成了这现象。听说现在是中学校也有这样的了。间有例外，

---

1 许广平在1925年3月11日写信给鲁迅。

以上，我自己的办法说完了，就不过如此，而且近于游戏，不像步步走在人生的正轨上（人生或者有正轨罢，但我不知道）。我相信写了出来，未必于你有用，但我也只能写出这些罢了。

鲁迅

三月十一日

第2封

广平兄：

两信均收到，一信中并有稿子，自然照例"感激涕零"而阅之。小鬼"最怕听半截话"，而我偏有爱说半截话的毛病，真是无可奈何。本来想做一篇详明的"朱老夫子论"呈政[1]，而心绪太乱，又没有工夫。简捷地说一句罢，就是：他历来所走的都是最稳的路，不做一点小小冒险事，所以他偶然的话倒是不负责任的，待到别人因此而被祸，他不作声了。

群众不过如此，由来久矣，将来恐怕也不过如此。公理也和事之成败无关。但是，女师大的教员也太可怜了，只见暗中活动之鬼，而竟没有站出来说话的人。我近来对于黎先生[2]之赴西山，也有些怀疑了，但也许真真恰巧，疑之者倒是我自己的神经过敏。

我现在愈加相信说话和弄笔的都是不中用的人，无论你说话如何有理，文章如何动人，都是空的。他们即使怎样无理，事实上却着着得胜。然而，世界岂真不过如此而已吗？我要反抗，试他一试。

提起牺牲，就使我记起前两三年被北大开除的冯省三[3]。他是闹

---

1 呈自己的作品请人指正。

2 黎锦熙（1889—1978），语言学家。当时任北京女子师范大学国文系代理主任。

3 北京大学预科法文班学生。1922年10月北京大学部分学生反对学校征收讲义费，冯省三在此次风潮中被开除学籍。

讲义风潮之一人，后来讲义费撤消了，却没有一个同学再提起他。我那时曾在《晨报副刊》上做过一则杂感[1]，意思是：牺牲为群众祈福，祀了神道之后，群众就分了他的肉，散胙[2]。

听说学校当局有打电报给学生家属之类的举动，我以为这些手段太毒了。教员之类该有一番宣言，说明事件的真相，几个人也可以的。如果没有一个人肯负这一点责任（署名），那么，即使校长竟去，学籍也恢复了，也不如走罢。全校没有人了，还有什么可学？

鲁迅

五月十八日

---

1 《即小见大》，后收入《热风》。

2 旧时祭祀以后，分发祭肉。

第 3 封

广平兄：

午回来，看见留字。现在的现象是各方面都黑暗，所以有这情形，不但治本无从说起，便是治标也无法，只好跟着时局推移而已。至于《京报》事，据我所闻却不止秦小姐[1]一人，还有许多人去运动，结果是说定两面的新闻都不载，但久而久之，也许会反而帮牝们（男女一群，所以只好用"牝"）的。办报的人们，就是这样的东西。——其实报章的宣传，于实际上也没有多大关系。

今天看见《现代评论》，所谓西滢[2]也者，对于我们的宣言出来说话了，装作局外人的样子，真会玩把戏。我也做了一点寄给《京副》，给他碰一个小钉子。但不知于伏园饭碗之安危如何。牝们是无所不为的，满口仁义，行为比什么都不如。我明知道笔是无用的，可是现在只有这个，只有这个而且还要为鬼魅所妨害。然而只要有地方发表，我还是不放下；或者《莽原》要独立，也未可知。独立就独立，完结就完结，都无不可。总而言之，倘笔舌尚存，是总要使用的，东滢西滢，都不相干也。

西滢文托之"流言"，以为此次风潮是"某系某籍教员所鼓动"，那明明是说"国文系浙籍教员"了，别人我不知道，至于我

---

1 疑指"琴心女士"，即女师大学生夏雪纹。
2 陈源（1896—1970），现代评论派的主要成员。

之骂杨荫榆[1]，却在此次风潮之后，而"杨家将[2]"偏偏来诬赖，可谓卑劣万分。但浙籍也好，夷籍也好，既经骂起，就要骂下去，杨荫榆尚无割舌之权，总还要被骂几回的。

现在老实说一句罢，"世界岂真不过如此而已吗？……"这些话，确是"为对小鬼而说的"。我所说的话，常与所想的不同，至于何以如此，则我已在《呐喊》的序上说过：不愿将自己的思想，传染给别人。何以不愿，则因为我的思想太黑暗，而自己终不能确知是否正确之故。至于"还要反抗"，倒是真的，但我知道这"所以反抗之故"，与小鬼截然不同。你的反抗，是为了希望光明的到来罢？我想，一定是如此的。但我的反抗，却不过是与黑暗捣乱。大约我的意见，小鬼很有几点不大了然，这是年龄、经历、环境等等不同之故，不足为奇。例如我是诅咒"人间苦"而不嫌恶"死"的，因为"苦"可以设法减轻而"死"是必然的事，虽曰"尽头"，也不足悲哀。而你却不高兴听这类话，——但是，为什么将好好的活人看作"废物"的？这就比不做"痛哭流涕的文字"还"该打"！又如来信说，"凡有死的同我有关的，同时我就憎恨所有与我无关的……"，而我正相反，同我有关的活着，我倒不放心，死了，我就安心，这意思也在《过客》中说过，都与小鬼的不同。其实，我的意见原也一时不容易了然，因为其中本含有许多矛盾，教我自己说，或者是人道主义与个人主义这两种思想的消长[3]起

---

1 杨荫榆（1884—1938），江苏无锡人，曾留学美国。1924年任北京女子师范大学校长。
2 原指北宋初年世代抗击契丹入侵的杨业一家将领。这里借指杨荫榆及其支持者。
3 增减；盛衰

伏罢。所以我忽而爱人，忽而憎人；做事的时候，有时确为别人，有时却为自己玩玩，有时则竟因为希望生命从速消磨，所以故意拼命地做。此外或者还有什么道理，自己也不甚了然。但我对人说话时，却总拣择那光明些的说出，然而偶不留意，就露出阎王并不反对，而"小鬼"反不乐闻的话来。总而言之，我为自己和为别人的设想，是两样的。所以者何，就因为我的思想太黑暗，但究竟是否真确，又不得而知，所以只能在自身试验，不敢邀请别人。其实小鬼希望父兄长存，而自视为"废物"，硬去替"大众请命"，大半也是如此。

《莽原》实在有些穿棉花鞋了，但没有撒泼文章，真也无法。自己呢，又做惯了晦涩的文章，一时改不过来，下笔时立志要显豁，而后来往往仍以晦涩结尾，实在可气之至！现在除附《京报》分送外，另售千五百，看的人也不算少。待"闹潮"略有结束，你这一匹"害群之马"[1]多来发一点议论罢。

鲁迅

五月三十日

---

1 这里是对许的戏称。杨荫榆在开除女师大学生会许广平等六位干事的布告中，曾有"开除学籍，即令出校，以免害群"的话。

第4封

广平仁兄大人阁下，敬启者：

前蒙投赠之大作，就要登出来，而我或将被作者暗暗咒骂。因为我连题目也已经改换，而所以改换之故，则因为原题太觉怕人故也。收束处太没有力量，所以添了几句，想来也未必与尊意背驰；但总而言之：殊为专擅。尚希曲予海涵，免施贵骂，勿露"勃谿[1]"之技，暂羁"害马"之才，仍复源源投稿，以光敝报，不胜侥幸之至！至于大作之所以常被登载者，实在因为《莽原》有些闹饥荒之故也。我所要多登的是议论，而寄来的偏多小说、诗。先前是虚伪的"花呀""爱呀"的诗，现在是虚伪的"死呀""血呀"的诗。呜呼，头痛极了！所以倘有近于议论的文章，即易于登出，夫岂"骗小孩"云乎哉！又，新做文章的人，在我所编的报上，也比较易于登出，此则颇有"骗小孩"之嫌疑者也。但若做得稍久，该有更进步之成绩，而偏又偷懒，有敷衍之意，则我要加以猛烈之打击：小心些罢！肃此布达[2]，敬请"好说话的"安！

"老师"谨训

七月九日

---

1 杨荫榆在《对于暴烈学生之感言》中有"与此曹子勃谿相向"的话。
2 恭恭敬敬地写了这些话向你陈述表达。

报言章士钉将辞，屈映光[1]继之，此即浙江有名之"兄弟素不吃饭"人物也，与士钉盖伯仲之间，或且不及。

所以我总以为不革内政，即无一好现象，无论怎样游行示威。

---

1 屈映光（1883—1973），当时为北洋政府临时参政院参政。

第5封

广平兄：

在好看的天亮还未到来之前，再看了一遍大作，我以为还不如不发表。这类题目，其实，在现在，是只能我做的，因为大概要受攻击。然而我不要紧，一则，我自有还击的方法；二则，现在做"文学家"似乎有些做厌了，仿佛要变成机械，所以倒很愿意从所谓"文坛"上摔下来。至于如诸君之雪花膏派，则究属"嫩"之一流，犯不上以一篇文章而招得攻击或误解，终至于"泣下沾襟"。

那上半篇，倘在小说，或回忆的文章里，固然毫不足奇，但在论文中，而给现在的中国读者看，却还太直白。至于下半篇，则实在有点迂。我在那篇文章里本来说：这种骂法，是"卑劣"的。而你却硬诬赖我"引以为荣"，真是可恶透了。

其实，对于满抱着传统思想的人们，也还大可以这样骂。看目下有些批评文字，表面上虽然没有什么，而骨子里却还是"他妈的"思想，对于这样批评的批评，倒不如直捷爽快地骂出来，就是"即以其人之道，还治其人之身[1]"，于人我均属合适。我常想：治中国应该有两种方法，对新的用新法，对旧的仍然用旧法。例如"遗老"有罪，即该用清朝法律：打屁股。因为这是他所佩服的。民元革命时，对于任何人都宽容（那时称为"文明"），但待到二次革命失败，许多旧党对于革命党却不"文明"了：杀。假使那时

---

1 出自宋代朱熹《中庸》第十三章注。

（元年）的新党不"文明"，则许多东西早已灭亡，哪里会来发挥他们的老手段？现在用"他妈的"来骂那些背着祖宗的木主[1]以自傲的人们，夫岂太过也欤哉！？

还有一篇，今天已经发出去，但将两段并作一个题目了：《五分钟与半年》[2]。多么漂亮呀。

天只管下雨，绣花衫不知如何？放晴的时候，赶紧晒一晒罢，千切千切！

迅

七月二十九，或三十，随便。

---

1 也称神主，写有死者姓名作为供奉灵位的木牌。
2 即《过时的话》，分为《五分钟以后》和《半年以后》两节，载于《莽原》周刊第十五期（1925年7月31日），署名景宋。

第6封

广平兄：

十七日的来信，今天收到了。我从五日发信后，只在十三日发一信片，十四日发一信，中间间隔，的确太多，致使你猜我感冒，我真不知怎样说才好。回想那时，也有些傻气，因为我到此以后，正听见英人在广州肇事[1]，遂疑你所坐的船，亦将为彼等所阻，所以只盼望来信，连寄信的事也拖延了。这结果，却使你久不得我的信。

现在十四的信，总该早到了罢。此后，我又于同日寄《新女性》一本，于十八日寄《彷徨》及《十二个》各一本，于二十日寄信一封（信面却写了廿一），想来都该到在此信之前。

我在这里，不便则有之，身体却好，此地并无人力车，只好坐船或步行，现在已经炼得走扶梯百余级，毫不费力了。眠食也都好，每晚吃金鸡纳霜一粒，别的药一概未吃。昨日到市去，买了一瓶麦精鱼肝油，拟日内吃它。因为此地得开水颇难，所以不能吃散拿吐瑾[2]。但十天内外，我要移住到旧的教员寄宿所去了，那时情形又当与此不同，或者易得开水罢。（教员寄宿舍有两所，一所住单身人者曰"博学楼"，一所住有夫人者曰"兼爱楼"，不知何人所名，颇可笑。）

---

1 1926年9月4日，英国军舰武装占领广州省港码头，截击货船，并向省港罢工纠察队挑衅。
2 德国柏林出产的补脑健胃药品。

教科也不算忙，我只六时，开学之结果，专书研究二小时无人选，只剩了文学史、小说史各二小时了。其中只有文学史须编讲义，大约每星期四五千字即可，我想不管旧有的讲义，而自己好好地来编一编，功罪在所不计。

这学校花钱不可谓不多，而并无基金，也无计划，办事散漫之至，我看是办不好的。

昨天中秋，有月，玉堂送来一筐月饼，大家分吃了，我吃了便睡，我近来睡得早了。

迅

九月二十二日下午

第7封

广平兄:

　　昨天刚寄出一封信，今天就收到你五日的来信了。你这封信，在船上足足躺了七天多，因为有一个北大学生[1]来此做编辑员的，就于五日从广州动身，船因避风，或行或止，直到今天才到，你的信大约就与他同船的。一封信的往返，往往要二十天，真是可叹。

　　我看你的职务太烦剧了，薪水又这么不可靠，衣服又须如此变化，你够用吗？我想：一个人也许应该做点事，但也无须乎[2]劳而无功。天天看学生的脸色办事，于人我都无益，这也就是所谓"敝精神于无用之地[3]"，听说在广州寻事做并不难，你又何必一定要等到学期之末呢？忙自然不妨，但倘若连自己休息的时间都没有，那可是不值得的。

　　我的能睡，是出于自然的，此地虽然不乏琐事，但究竟没有北京的忙，即如校对等事，在这里就没有。酒是自己不想喝，我在北京，太高兴和太愤懑时就喝酒，这里虽然仍不免有小刺激，然而不至于"太"，所以可以无须喝了，况且我本来没有瘾。少吸烟卷，可不知道是怎么一回事，大约因为编讲义，只要调查，无须思索之故罢。但近几天可又多吸了一点，因为我连做了四篇《旧事重

---

1 丁丁山（1901—1952），北京大学研究所国学门毕业。当时任厦门大学国学院编辑。

2 不必；不用

3 出自宋代罗大经《鹤林玉露》卷九："敝精神于无用矣"。

提》[1]。这东西还有两篇便完，拟下月再做，从明天起，又要编讲义了。

兼士尚未动身，他连替他的人也还未弄妥，但因为急于回北京，听说不往广州了。孙伏园似乎还要去一趟。今天又得李逢吉[2]从大连来信，知道他往广州，但不知道他去做何事。

广东多雨，天气和厦门竟这么不同吗？这里不下雨，不过天天有风，而风中很少灰尘，所以并不讨厌。我自从买了火酒灯以后，开水不生问题了，但饭菜总不见佳。从后天起，要换厨子了，然而大概总还是差不多的罢。

迅

十月十二夜

八日的信，今天收到了；以前的九月廿四、廿九、十月五日的信，也都收到。看你收入和做事的比例，实在相距太远了。你不知能即另作他图否？我以为如此情形，努力也都是白费的。

"经过一次解散而去的"，自然要算有福，倘我们还在那里，一定比现在要气愤得多。至于我在这里的情形，我信中都已陆续说出，其实也等于卖身。除为了薪水之外，再没有别的什么，但我现在或者还可以暂时敷衍，再看情形。当初我也未尝不想起广州，后来一听情形，暂时不作此想了。你看陈惺农[3]尚且站不住，何况我呢。

我在这里不大高兴的原因，首先是在周围多是语言无味的人

---

1 《朝花夕拾》中收录的回忆散文。

2 《莽原》《语丝》的投稿者，1926年10月在广州中山大学任职。

3 陈启修（1886—1960），著名经济学家，第一位翻译《资本论》的中国人。

物，令我觉得无聊。他们倘肯让我独自躲在房里看书，倒也罢了，偏又常常寻上门来，给我小刺激。但也很有一班人当作宝贝看，和在北京的天天提心吊胆，要防危险的时候一比，平安得多，只要自己的心静一静，也未尝不可以暂时安住。但因为无人可谈，所以将牢骚都在信里对你发了。你不要以为我在这里苦得很，其实也不然的，身体大概比在北京还要好一点。

你收入这样少，够用吗？我希望你通知我。

今天本地报上的消息很好，但自然不知道可确的，一，武昌已攻下；二，九江已取得；三，陈仪[1]（孙之师长）等通电主张和平；四，樊钟秀[2]已入开封，吴佩孚逃保定（一云郑州）。总而言之，即使要打折扣，情形很好总是真的。

迅

十月十五日夜

---

1 陈仪（1883—1950），日本陆军士官学校炮兵科毕业。当时为孙传芳部浙江陆军第一师长兼徐州镇守使。

2 樊钟秀（1888—1930），原任直系军阀豫南司令，1923年归附孙中山。

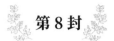

第8封

广平兄：

上月二十九日寄一信，想已收到了。廿七日发来的信，今天已到。同时伏园也接陈惺农信，知道政府将移武昌，他和孟余都将出发，报也移去，改名《中央日报》。叫伏园直接往那边去，因为十二月下旬须出版，所以伏园大概不再往广州。广州情状，恐怕比较地要不及先前热闹了。

至于我呢，仍然决计于本学期末离开这里而往广州中大，教半年书看看再说。一则换换空气，二则看看风景，三则……要活动，明年夏天又可以活动的，倘住得便，多教几时也可以。不过"指导员"一节，无人先为设法了。

你既然不宜于"五光十色"之事，教几点钟书如何呢？要预备足，则钟点可以少一些。办事与教书，在目下都是淘气之事，但我们舍此亦无事可为。我觉得教书与办别事实在不能并行，即使没有风潮，也往往顾此失彼。你不知此后可别有教书之处（国文之类），有则可以教几点钟，不必多，每日匀出三四点钟来看书，也算预备，也算自己玩玩，就好了；暂时也算是一种职业。你大约世故没有我深之故，似乎思想比我明晰些，也较有决断，研究一种东西，不会困难的，不过那粗心要纠正。还有一种吃亏之处是不能看别国书，我想较为便利是来学日本文，从明年起我想勒令学习，反抗就打手心。

至于中央政府迁移而我到广州，于我倒并没有什么。我并非追踪政府，却是别有追踪。中央政府一移，许多人一同移去，我或者反而可以闲暇些，不至于又大欠文章债，所以无论如何，我还是到中大去的。

包裹已经取来了，背心已穿在小衫外，很暖，我看这样就可以过冬，无需棉袍了。印章很好，没有打破，我想这大概就是称为"金星石"的，并不是玻璃。我已经写信到上海去买印泥，因为盒内的一点油太多，印在书上是不合适的。

计算起来，我在此至多也只有两个月了，其间编编讲义，烧烧开水，也容易混过去。何况还有默念，但这默念之度常有加增的倾向，不知其故何也，似乎终于也还是那一个人胜利了。厨子的菜又不能吃，现在是单买饭，伏园自己做一点汤，且吃罐头。伏园十五左右当去，我是什么菜都不会做的，那时只好仍包菜，但好在其时离放学已只四十多天了。

阅报，知女师大失火，焚烧不多，原因是学生自己做菜，烧坏了两个人：杨立侃，廖敏。姓名很生，大约是新生，你知道吗？她们后来都死了。

以上是午后四点钟写的，因琐事放下，后来是吃饭，陪客，现已是夜九点钟了。在钱下呼吸，实在太苦，苦还不妨，受气却难耐。大约中国在最近几十年内，怕未必能够做若干事，即得若干相当的报酬，干干净净。（写到这里，又放下了，因为有人来，我这里是毫无躲避处，有人进来就进来，你看如此住处，岂能用功。）往往须费额外的力，受无谓的气，无论做什么事，都是如此。我想此后只要以工作赚得生活费，不受意外的气，又有点自己玩玩的余暇，就可以算是幸福了。

我现在对于做文章的青年，实在有些失望，我想有希望的青年似乎大抵打仗去了，至于弄弄笔墨的，却还未看见一个真有几分为社会的，他们多是挂新招牌的利己主义者；而他们却以为他们比我新一二十年，我真觉得他们无自知之明，这也就是他们之所以"小"的地方。

上午寄出一束刊物，是《语丝》《北新》各两本，《莽原》一本。《语丝》上有我的一篇文章，不是我前信所说发牢骚的那一篇；那一篇还未登出，大概当在一〇八期。

迅

十二月二日之夜半

第9封

广平兄：

三日寄出一信，并刊物一束，系《语丝》等五本，想已到。今天得二日来信，可谓快矣。对于廿六日函中的一段议论，我于廿九日即发一函，想当我接到此函时，那边亦已寄到，知道我已决计离开此地，所以我也无须多说了。其实我这半年来并不发生什么"奇异感想"，不过"我不太将人当作牺牲吗"这一种思想——这是我一向常常想到的思想——却还有时起来，一起来，便沉闷下去，就是所谓"静下去"，而间或形于辞色[1]。但也就悟出并不尽然，故往往立即恢复，二日得中央政府迁移消息后，即连夜发一信（次日又发一信），说明我的意思与廿九日信中所说并无变更，实未曾有愿意害马"终生被播弄于其中而不自拔"之意，当初仅以为在社会上阅历几时，可以得较多之经验而已，并非我将永远静着，以至于冷眼旁观，将害马卖掉，而自以为在孤岛中度寂寞生活，咀嚼着寂寞，即足以自慰自赎也。

但廿六日信中的事，已成过去，也不必多说了，到年底或可当作闲谈的材料。广大的钟点虽然较多，但我想总可以设法教一点担子较轻的功课，以求有休息的余暇。况且抄录材料等等，又可以有帮我忙的人，所以钟点倒不成问题，每周二十时左右者，大概是纸面文章，未必实做。

---

1 内心的活动表露在言谈和神色上。

你们的学校，真是好像"湿手捏了干面粉"，粘缠极了。虽说"天下兴亡，匹夫有责"，但当局不讲信用，专责"匹夫"，使几个人挑着重担，未免太任意将人来做无谓的牺牲。我想事到如此，别的都可不管了，以自己为主，觉得耐不住，便即离开；倘因生计关系及别的关系，须敷衍若干时，便如我之在厦大一样，姑且敷衍敷衍，"以德感""以情维系"这些老话头，只好置之度外，一有他处可去，也便即离开，什么都不管它。

伏园须直往武昌去了，不再转广州，前信似已说过。昨有人（据云系民党）从汕头到此地，说陈启修因为泄露机密，被党部捕治了。我和伏园正惊疑，拟电询，今日得你信，知二日看见他，则以日期算来，此人是造谣言的，但何以要造如此谣言，殊不可解。

前一束刊物不知到否？记得前回也有一次，久不到，而在学校的刊物中找来。三日又寄一束，到否也是问题。此后寄书，殆非挂号不可。《桃色之云》再版已出了，拟寄上一册，但想写上几个字，并用新印，而印泥才向上海去带，大约须十日后才来，那时再寄罢。

迅

十二月六日之夜

第 10 封

广平兄：

　　本月六日接到三日来信后，次日（七日）即发一信，想已到。我推想昨今两日当有信来，但没有；明天是星期，没有信件到校的了。我想或者是你校事太忙没有发，或者是轮船误了期。

　　从粤、从沪到此的信，一星期两回；从此向沪、向粤的船，似乎也是一星期两回。但究竟是星期几呢，我终于推算不出，又仿佛并不一定似的。

　　计算从今天到一月底，只有五十天了，已不满两月；我到此，是已经三个月又一星期了。现在倒没有什么事。我每天能睡八九小时，但是仍然懒；有人说我胖了一点了，也不知确否？恐怕也未必。对于学生，我已经说明了学期末要离开。有几个因我在此而来的，大约也要走。至于厦门学生，无药可医，他们整天读《古文观止》。

　　伏园就要动身，仍然十五左右；但也许仍从广州，取陆路往武昌。

　　我想一两日内，当有信来，我的廿九日的信的回信也应该就到了。那时再写罢。

迅

十二月十一日夜

第 11 封

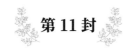

广平兄:

五日寄一信,想当先到了。今天得十二月卅日信,所以再写几句。

伏园为你谋做助教,我想并非捉弄你的,观我前回附上之两信便知,因为这是李遇安的遗缺,较好。北大和厦大的助教,平时并不授课;厦大是教授请假半年或几月时,间或由助教代课,但这样是极少的事,我想中大当不至于特别罢,况且教授编而助教讲,也太不近情理,足下所闻,殆谣言也。即非谣言,亦有法想,似乎无须神经过敏。未发聘书,想也不至于中变,其于上遂亦然,我想中学职员可不必去做,即有中变,我当托人另行设法。

至于引为同事,恐牵连到自己,那我可不怕。我被各人用各色名号相加,由来久了,所以无论被怎么说都可以。这回我的去厦,这里也有各种谣言,我都不管,专用徐世昌哲学:听其自然。

害马又想跑往武昌去了,谋事逼之欤?十二月卅日写的信,而云"打算下半年在广州",殊不可解,该打手心。

我十日以前走不成了,因为十二月份薪水,要明后天才能取得。但无论如何,十五日以前是必动身的。他们不早给我薪水,使我不能早走,失策了。校内似乎要有风潮,现在正在酝酿,两三日内怕要爆发,但已由挽留运动转为改革厦大运动,与我不相干。不过我早走,则学生们少一刺激,或者不再举动,现在是不行了。但我却又成为放火者,然而也只得听其自然,放火者就放火者罢。

这一两天内苦极，赴会和饯行，说话和喝酒，大约这样的还有两三天。自从被勒做"名人"以来，真是苦恼。这封信是夜三点写的，因为赴会后回来是十点钟，睡了一觉起来，已是三点了。

这些请吃饭的人，有的是佩服我的，在这里，能不顾每月四百元的钱而捣乱的人，已经算英雄。有的是憎而且怕我的，想以酒食封我的嘴，所以席上的情形，煞是好看，简直像敷衍一个恶鬼一样。前天学生送别会上，为厦大未有之盛举，有唱歌，有颂词，忽然将我造成一个连自己也想不到的大人物，于是黄坚也称我为"吾师"，而宣言曰"我乃他之学生也，感情自然很好的"。令人绝倒[1]。今天又办酒给我饯行。

这里的恶势力，是积四五年之久而弥漫的，现在学生们要借我的四个月的魔力来打破它，不知结果如何。

迅

一月六日灯下

---

1 前仰后合地大笑

第 12 封

乖姑！小刺猬！

在沪宁车上，总算得了一个座位；渡江上了平浦通车，也居然定着一张卧床。这就好了。吃过一元半的夜饭，十一点睡觉，从此一直睡到第二天十二点钟，醒来时，不但已出江苏境，并且通过了安徽界蚌埠，到山东界了。不知道刺猬可能如此大睡，我怕她鼻子冻冷，不能这样。

车上和渡江的船上，遇见许多熟人，如马幼渔的侄子，齐寿山的朋友，未名社的一伙；还有几个阔人，说是我的学生，但我不识他们了。那么，我的到北平，昨今两日，必已为许多人所知道。

今天午后到前门站，一切大抵如旧，因为正值妙峰山香市，所以倒并不冷静。正大风，饱餐了三年未吃的灰尘。下午发一电，我想，倘快，则十六日下午可达上海了。

家里一切如旧，母亲精神形貌仍如三年前，她说，害马为什么不同来呢？我答以有点不舒服。其实我在车上曾想过，这种震动法，于乖姑是不相宜的。但母亲近来的见闻范围似很窄，她总是同我谈八道湾[1]，这于我是毫无关心的，所以我也不想多说我们的事，因为恐怕于她也不见得有什么兴趣。平常似常常有客来住，多至四五个月，连我的日记本子也都打开过了，这非常可恶，大约是姓车的男人所为。他的女人，廿六七又要来了，那自然，这就使我不

---

1 鲁迅在北京的故居

能多住。

不过这种情形，我倒并不气，也不高兴，久说必须回家一趟，现在是回来了，了却一件事，总是好的。此刻是十二点，却很静，和上海大不相同。我不知乖姑睡了没有？我觉得她一定还未睡着，以为我正在大谈三年来的经历了。其实并未大谈，我现在只望乖姑要乖，保养自己，我也当平心和气，度过预定的时光，不使小刺猬忧虑。

今天就是这样罢，下回再谈。

1

五月十五夜

---

1 许广平称鲁迅为"小白象"。

第 13 封

小刺猬：

　　昨天从老三转上一信，想已到。今天下午我访了未名社一趟，又去看幼渔，他未回，马珏是因疮进病院多日了。一路所见，倒并不怎样萧条，大约所减少的不过是南方籍的官僚而已。

　　关于咱们的故事，闻南北统一以后，此地忽然盛传，研究者也很多，但大抵知不确切。上午，令弟告诉我一件故事。她说，大约一两月前，某太太对母亲说，她做了一个梦，梦见我带了一个孩子回家，自己因此很气忿。而母亲大不以气忿之举为然，因告诉她外间真有种种传说，看她怎样。她说，已经知道。问何从知道。她说，是二太太告诉她的。我想，老太太所闻之来源，大约也是二太太。而南北统一后，忽然盛传者，当与陆晶清之入京有关。我因以小白象之事告知令弟，她并不以为奇，说，这也是在意中的。午前，我就告知母亲，说八月间，我们要有小白象了。她很高兴，说，我想也应该有了，因为这屋子里，早应该有小孩子走来走去。这种"应该"的理由，和我们是另一种思想，但小白象之出现，则可见世界上已以为当然矣。

　　不过我却并不愿意小白象在这房子里走来走去，这里并无抚育白象那么广大的森林。北平倘不荒芜下去，似乎还适于居住，但为小白象计，是须另选处所的。这事俟[1]将来再议。

---

1 俟（sì），意为"等待"。

北平很暖，可穿单衣了。明天拟去访徐旭生。此外再看几个熟人，另外也无事可做。我觉得日子实在太长，但愿速到月底，不过那时，恐怕须走海道回了。

这里和上海不同，寂静得很。尹默风举，往往终日倾心政治。尹默之汽车，昨天和电车冲突，他臂膊碰肿了，明天拟去看他，并还草帽。台静农在和孙祥偈讲恋爱，日日替她翻电报号码（因为她是新闻通讯员），忙不可当。林卓凤在西山调养胃病。

我的身体是好的，和在上海时一样。据潘妈说，模样和出京时相同。我在小心于卫生，勿念，但刺猬也应该留心保养，令我放心。我相信她正是如此。

附笺一纸，可交与赵公。又告诉老三，我当于一两日内寄书一包（约四五本）给他，其实是托他转交赵公的，到时即交去。

迅

五月十七夜

第14封

小刺猬：

听说上海北平之间的信件，最快是六天，但我于昨天（十八）晚上姑且去看看信箱——这是我们出京后所设的——竟得到了十四日发的小刺猬信，这使我怎样地高兴呀。未曾四条胡同，尤其令我放心，我还希望你善自消遣，能食能睡。写给谢君的信，是很好的，但说得我太好了一点。看现在的情形，我们的前途似乎毫无障碍，但即使有，我也决计要同小刺猬跨过它而前进的，绝不畏缩。

母亲的记忆力坏了些了，观察力、注意力也略减，有些脾气，近于小孩子了。对于我们的感情是好的。也希望老三回来，但其实是毫无事情。

前天马幼渔来看我，要我往北大教书，当即谢绝。同日又看见李秉中，他是万不料我也在京的，非常高兴。他们明天在来今雨轩结婚，听听口气，两人的感情似乎好起来了。我想于上午去公园一趟，今天托令弟买了绸子衣料一件，价十一元余，作为贺礼带去。女的是女大的学生，音乐系。

林卓凤问令弟，听说鲁迅有要好的人了，结过婚了没有？但未提那"人"是谁。令弟答以不知道。这是细事，不足深考，顺便谈谈而已。她往西山养病，自云胃病，我想，恐怕是肺病罢，否则，何必到西山去养呢。

昨晚探到你的来信后，正看着，车家的男女又来了，见我已回，大吃一惊，男的便到客栈去，女的今天也走了。我对他们很冷淡，因为我又知道了车男寓客厅时，又曾将我的书橱的锁弄破，开开了门。

以上十九日之夜十一点写

二十日上午，小刺猬十六日所发的信也收到了，也很快。但老三汇款之信，至今未到，大约因为挂号之故罢。小刺猬的生活法，据报告，很使我放心。我也好的，看见的人，都说我样子比出京时稍好，精神则好得多了。这里天气很热，已穿纱衣，我于空气中的灰尘，已不习惯，大约就如鱼之在浑水里一般，此外却并无不舒服。

昨天午前往中央公园贺李秉中，他很高兴。在那里看见刘文典，谈了一通。新人一到，我就走了。她比李短一点，并不美，但也不丑，适中的人。下午访沈尹默，略谈了一些时，又访兼士，风举，徐祖正，徐旭生，都没有会见。就这样地过了一天。夜九点钟，就睡着了，直至今天七点才醒。上午想理些带出的书籍，但头绪纷繁，无从下手，也许终于理不成功的，恐怕《中国字体变迁史》也不是在上海所能作罢。

今天下午我仍要出去访人，明天是往燕大讲演，我这回本来不想多说话，但因为在那边是现代派太出风头了，所以想去讲几句。倘交通如故，我于月初要走了，但决不冒险，千万不要担心，因为我是知道冒险主权，并不是全权在我的。《冰块》留下两本，其余可送赵公们。《奔流》来稿，可请赵公写回信寄还他们，措辞和上次一样。小刺猬，你千万好好保养，下回再谈。

以上二十一日午后一时写
你的小白象

第15封

小刺猬：

二十一日午后发了一封信，晚上便收到十七日来信，今天上午又收到十八日来信，每信五天，好像交通十分准确似的。但我赴沪时想坐船，据凤举说，倭[1]船并不坏，二等六十元，不过比火车为慢而已。至于风浪，则夏季一向很平静。但究竟如何，则须俟十天以后看情形决定。不过我是总想于六月四五日动身的，所以此信到时，倘是廿八九，那就不必写信了。

我到北平，已一星期，其间无非是吃饭睡觉，访人，陪客，此外无事可为。文章是没有一句。昨天访了几个教育部旧同事，都穷透了，没有事做，又不能回家。今天和张凤举谈了两点钟天，傍晚往燕京大学讲演了一点钟，听的人很多。我照例从成仿吾一直骂到徐志摩，燕大是现代派信徒居多——大约因为冰心在此之故——给我一骂，很吃惊。有些人说，燕大是有钱而请不到好教员，说我可以来此教书了。我答以我奔波多年，现已心粗气浮，不能教书了。小刺猬，我想，这些优缺，还是让他们绅士们去占有罢，咱们还是漂流几天再说的好。沈士远也在那里做教授，全家住在那里，但我并不去访他。

今天寄到一本《红玫瑰》，陈西滢和凌叔华的照片都登上了，胡适之的诗载于《礼拜六》，他们的像见于《红玫瑰》，真是"物

---

1 倭（wō），中国对日本的旧称。

以类聚"。

云南腿已经将近吃完，是很好的，肉多，油也足，可惜这里的做法千篇一律，总是蒸。听说明天要吃酱腿了，但大约也还是蒸。每天饭菜，大同小异，实在吃得厌烦了，不过饭量并不减，你不要神经过敏为要。鱼肝油带来的已吃完，买了一瓶，这里的价钱是二元二角。

吕云章未到西三条来，所以不知道她住在何处；小鹿也没有来过。

这里很热，可穿纱衫了，雨是久已不下，比之南方的梅天，真是大不相同。所有带来的夹衣，都已无用，何况绒衫。我从明天起，想去看牙齿，大约有一星期，总可以补好了。至于时局，若以询人，则因其人之派别，而所答不同，所以我也并不深究，总之，到下月初，京津车总该是可走的，那么，就可以了。

小刺猬，这里的空气，真是沉静，和上海的动荡烦扰，大不相同，所以我是平安的；但只因为欠缺一件事，因而也静不下，惟看来信，知道小刺猬在上海也很乖，于是也就暂自宽慰了。小刺猬要这样继续摄生，万勿疏懒才好。

转告老三：汇票到了，但取款须用印章，今名字写错，不知能取出否。两三天内当去一试，看结果再说。

小白象

五月廿二夜一时

第16封

小刺猬：

此刻是二十三日之夜十点半，我独自坐在靠壁的桌前，这旁边，先前是小刺猬常常坐着的，而她此刻却在上海。我只好来写信算谈天了。

今天上午，来了六个北大国文系的代表，要我去教书，我即谢绝了。后来他们承认我回上海，只要预定下几门功课，何时来京，便何时开始，我也没有答应他们。我总结的话，是今之 L[1]，已非三年前之 L，我有缘故，但此刻不说，将来或许会知道，总之是不想做教授了云云。他们只得回去，而希望我有一回讲演，我已约于下星期三去讲。

午后出街，将寄给乖而小的刺猬的信投入邮箱中。其次是往牙医寓，拔去一齿，毫不疼痛，他约我于廿七上午去补好，大约只要一次就可以了。其次是到商务印书馆，将老三的汇款取出，倒也并不麻烦。其次是走了三家纸铺，搜得中国纸的印笺数十种，花钱约七元，也并无什么妙品，如此信所用这一种，要算是很漂亮的了。还有两三家未去，便中当再去走一趟，大约再用四五元，即将琉璃厂略佳之笺收备矣。

计到北平，已将十日，除车钱外，自己只花了十五元，一半买信笺，一半是买碑帖的。至于旧书，则仍然很贵，所以一本也

---

1 鲁迅

不买。

明天仍当出门，为侍桁的饭碗去设设法；将来又想往西山一趟，看看素园，听他朋友的口气，恐怕总是医不好的了。韦丛芜却长大了一点。待廿九日往北大讲演后，便当作回沪之准备，听说日本船有一只叫"天津丸"的，是从天津直航上海，并不绕来绕去，但不知向沪的时候，能否相值耳。

今天路过前门车站，看见很扎着些素彩牌坊了，但这些典礼，似乎只有少数人在忙。

我这次回来，正值暑假将近，所以很有几处想送我饭碗，但我对于此种地位，总是漠然。为安闲计，北平是不坏的，但因为和南方太不同了，所以几有世外桃源之感，我来此虽已十天，几乎毫无刺激，略不小心，确有落伍之惧的。上海虽烦扰，但也别有生气。

下次再谈罢。我是很好的。

小白象

五月二十三日

第 17 封

小刺猬：

昨天上午寄老三信，内附上一函，想已收到了。十点左右有沉钟社的人来访我，至午邀我到中央公园吃饭，一直谈到五点才散。内有一人名郝荫潭，是女师大学生，但是新的，你未必认识，她说，马云也在回校读书了。这一类人，偏都回校来读书，可叹。中央公园昨天是开放的，但到下午为止，游人不多，风景大略如旧，芍药已开过，将谢了，此外"公理战胜"的牌坊上，添了许多蓝地白字的标语。

从公园回来以后，未名社的人来访我了，谈了一点钟。他们去后，就接到小刺猬的十九、二十所写的两函。自然，看来信，小刺猬是很乖的，鼻子不再冻冷，也令我放心。不过勒令我的鼻子垂下，却未免专制。我的鼻子，虽然有时不免为刺猬所拉下，但不至于常如橡皮象那样也。

我毫不"拼命干，写，做，想……"至今为止，什么也不干，写……昨天因为说话太多了，十点钟便睡觉，一点醒了一次，即刻又睡，再醒已是早上七点钟，躺到九点，便是现在，就起来写这信。

达夫们所说关于北新的话，大概即受玉堂们影响的。北新门市每日不到百元，一月已有一千余元，足够上海开支了，此外还有外埠批发，不至于支持不下。但这是就理论而言，至于事实，也许真糟，我在此所见的人，都说北新不给版税，不给回信，和北新感情很坏，这样下去，自然也很不好的。

至于开明之股本，则我们知道得很明白，号称六万元，而其中之二万五千，是章雪村弟兄之旧底子；一万是一个绍兴人的，他自己月取薪水百元，又荐了五个人，则其余之二万五千，也可想而知矣。大约达夫不知此种底细，所以听到从绍兴集了资本来，便疑为大有神秘也。

绍原的信，吞吞吐吐，其意思盖想他的译稿，由我为之设法出售，或给北新，或登《奔流》，而又要装腔作势，不肯自己开口。我是决不来做这样傻子的了，拟不答复，或者糊里糊涂地答几句。

此地天气很好，已穿纱衫。我是好的，能食能睡，加以小刺猬报告她的近状，知道非常之乖，更令我放心。今天尚无客来，这信安安静静写到这里，要说的也大略说过了，下次再谈罢。

五月廿五日上午十点正

第 18 封

小刺猬：

今天——二十七日——下午，果然收到你廿一日所发信。我十五日信所选的两张笺纸，确也有一点意思的，大略如你所推测。莲蓬中有莲子，尤是我所以取用的原因。但后来各笺，也并非幅幅含有义理，小刺猬不要求之过深，以致神经过敏为要。

阿菩如此吃苦，实为可怜，但是出牙，则也无法可想，现在必已全好了罢。编辑费可先托老三取出，那边寄来之收条，则暂存，待我到时填写。你的大妹的头痛，我想还是身体衰弱之故，最好是吃补剂，如鱼肝油之类（我所吃的这一种），你可由这回的来款中划出百元之谱，买而寄之，我辈有余而她不足，补助亦所当为。寄以现款，原也很好，但大抵是要移作家用，不以自奉的，但倘能使之精神舒服，则听其自由支配，亦佳。一切由你酌定就是。

姑母来沪，即不发表亦将发见，自以发表为宜，结果如何，可以不必顾虑。我对于一切外间传言，即最消极也不过不辩，而大抵以是认之时为多，是是非非，都由他们去，总之我们是有小白象了。

计我回北平以来，已两星期，除应酬之外，读书作文，一点也不做，且也做不出来。那间后房，一切如旧，而小刺猬不坐在床沿上，是使我最觉得不满足的，幸而来此已两星期，距回沪之期渐近了。新租的屋，已说明为堆什物及寓客之用，客厅之书不动，也不住人。

今天已将牙齿补好，只花了五元，据云将就一二年，须全盘做过了。但现在试用，尚觉合适。晚间是徐旭生、张凤举等在中央公园邀我吃饭，十时才回寓。总算为侍桁寻得了一个饭碗。同席约有十人，他们已都知道我因"唔唔唔"而不肯留北。

旭生说，今天女师大因两派对于一教员之排斥和挽留，甲以钱袋击乙之头，致乙昏厥过去，抬入医院。小姐们之挥拳，似以此为嚆矢[1]云。

明天拟往东城探听船期，晚则幼渔邀我吃饭；后天北大讲演；大后天拟往西山看韦素园。这三天中较忙，大约未必能写什么详信了。

此刻小刺猬=小莲蓬=小莲子不知是睡着还是醒着。计此信到时，我在这里距启行之日也已不远了。这是使我高兴的。但我仍然静心保养，并不焦躁，小刺猬千万放心，并且也自保重为要。

你的小白象

五月廿七夜十二时

---

1 嚆矢（hāo shǐ），意为"响箭"。比喻事物的开始。

第 19 封

小刺猬：

廿一日所发的信，是前天收到的，昨天写了一封回信（由老三转的）寄出。昨今两天，都未曾收到来信，我想，这一定是因为葬式的缘故，火车被耽搁了。

昨天下午去问日本船，知道从天津开行后，因须泊大连两三天，至快要六天才到上海。我看现在，坐车还很可以，所以想于六月三日动身，带便[1]看看上遂，而于八日或九日回沪。如果到下月初发现不宜于坐车，那时再改走海道，不过到沪又要迟几天了。总之，我当看最妥当的方法办理，你可以放心。

昨天又买了些笺纸，这便是其一种，北京的信笺搜集，总算告一段落了。晚上是在幼渔家里吃饭，马珏还在生病，未见，病也不轻，但据说可以没有危险。谈了些天，回寓时已九点半。十一点睡去，一直睡到今天七点钟。

此刻是上午九点半，闲坐无事，写了这些。午后要到未名社去，七点起是在北大讲演。讲毕之后，似乎还有沈尹默之流邀袭[2]，拉去吃饭。倘如此，则回寓时又要十点左右了。

小刺猬和小莲子，我是好的，很能睡，饭量和在上海时一样，酒喝得极少，不过一小杯葡萄酒而已。家里有一瓶别人送的汾酒，连瓶也没有开。倘如我的预计，那么，再有十天便可以面谈了。小莲蓬，愿你安好，保重为要。

你的

五月二十九日

---

1 顺便

2 在中途拦阻袭击

第 20 封

小刺猬：

此刻是二十九夜十二点，原以为可得你的来信的了，因为我料定你于廿一日的信以后，必已发了昨今可到的两三信，但今未得，这一定是被奉安列车耽搁了，听说星期一的通车，还没有到哩。

今天上午来了一个客。下午到未名社去，晚上他们邀我去吃晚饭，在东安市场的森隆饭店；七点钟到北大第二院演讲一小时，听者有千余人，大礼堂为之满，大约北平寂寞已久，所以学生们很以这类事为新鲜了。八时尹默凤举等又为我饯行，仍在森隆，不得不赴，但吃得少些，十一点才回寓。现已吃了三粒消化丸，写了这一张信，便将睡觉了，因为明天早晨，便当往西山看素园去。

听说，燕大的有几个教员，怕学生留我教书，发生恐怖了。你看，这和厦门大学何异？但我何至于"与鸡鹜争食"乎？

今天虽因得不到来信，略觉怅怅，但我知道迟延的原因，所以睡得着的，并遥祝小刺猬在上海也睡得安适。

二十九夜

三十日午后二时，我从西山看韦素园回来，果然得到小刺猬的廿三及廿五日两封信，彼此都为邮局送信的忽迟忽早所捉弄，真是令人生气。但我知道小刺猬已经得到我的信，略得安慰，也就稍稍得到安慰了。

今天我是早晨八点钟上山的，用的是摩托车，并霁野等共五人。素园还不准起坐，也很瘦，但精神却好，他很喜欢，谈了许多闲天。据丛芜说，关于我们的事，他闻之寻马季铭（燕大国文系主任），马则云周作人所说的。其实不过是怕我去抢饭碗，即我们不住一处，他们也当另觅排斥的理由。然而我流宕三年了，何至于忽而去抢饭碗呢，这些地方，我觉得他们实在比我小气。

今天得小峰信，云因战事，书店生意皆不佳，但汇给（由分店）我二百元，不过此款现在还未送来。

你廿五的信，今天到了，似交通尚好，但四五日后，却不一定了。三日能走则走，否则当改海道，不过到沪当在十日前后了。总之，我当择最稳当而舒服的走法，决不冒险，使我的小莲蓬担心的。现在精神也很好，千万放心，我决不肯将小刺猬的小白象，独在北平而有一点损失，使小刺猬心疼。

你的

五月卅日下午五点

第 21 封

小莲蓬而小刺猬：

　　现在是三十日之夜一点钟，我快要睡了；下午已寄出一信，但我还想讲几句话，所以再写一点。

　　前几天，董秋芳给我一信，说他先前的事，要我查考鉴察。我哪有这些工夫来查考他的事状呢，置之不答。下午从西山回，他却等在客厅中，并且知道他还先向母亲房里乱攻，空气甚为紧张。我立即出而大骂之，他竟毫不反抗，反说非常甘心。我看他未免太无刚骨，然而他自说其实是勇士，独对于我，却不反抗。我说我却愿意人对我来反抗。他却道正因如此，所以佩服而不反抗者也。我也为之好笑，乃笑而送出之。大约此后当不再来缠绕了罢。

　　晚上来了两个人，一个是为孙祥偈翻电报之台，一个是帮我校《唐宋传奇集》之魏，同吃晚饭，谈得很畅快。和上午之纵谈于西山，都是近来快事。他们对于北平学界现状，俱颇不满。我想，此地之先前和"正人君子"战斗之诸公，倘不自己小心，怕就也要变成"正人君子"了。各种劳劳[1]，从我看来，很可不必。我自从到北平后，觉得非常自在，于他们一切言动，甚为漠然；即下午之面斥董公，事后也毫不气忿，因叹在寂寞之世界里，虽欲得一可以对垒之敌人，亦不易也。

　　小刺猬，我们之相处，实有深因，它们以它们自己的心，来

[1] 惆怅忧伤，怅然若失

相窥探猜测，哪里会明白呢。我到这里一看，更确知我们之并不渺小。

这两星期以来，我一点也不颓唐，但此刻遥想小刺猬之采办布帛之类，预为小小白象经营，实是乖得可怜，这种性质，真是怎么好呢。我应该快到上海，去管住她。

三十日夜一点半

小刺猬，三十一日早晨，被母亲叫醒，睡眠时间少了一点，所以晚上九点钟便睡去，一觉醒来，此刻已是三点钟了。冲了一碗茶，坐在桌前，遥想小刺猬大约是躺着，但不知是睡着还是醒着。五月三十一这天，没有什么事。但下午有三个日本人来看我所藏的关于佛教石刻拓本，颇诧异于收集之多，力劝我作目录。这自然也是我所能为之一，我以外，大约别人也未必做的了，然而我此刻也并无此意。晚间，宋紫佩已为我购得车票，是三日午后二时开，他在报馆中，知道车还可以坐，至多不过误点（迟到）而已。所以我定于三日启行，有一星期，就可以面谈了，此信发后，拟不再寄信，倘在南京停留，自然当从那里再发一封。

六月一日黎明前三点

哥姑：

写了以上的几行信以后，又写了几封给人的回信，天也亮起来了，还有一篇讲演稿要改，此刻大约不能睡了，再来写几句。

我自从到此以后，综计各种感受，似乎我于新文学和旧学问各方面，凡我所着手的，便给别人一种威吓——有些旧朋友自然除外——所以所得到的非攻击排斥便是"敬而远之"。这种情形，使我更加大胆阔步，然而也使我不复专于一业，一事无成。而且又使小刺猬常常担心，"眼泪往肚子里流"。所以我也对于自己的坏脾气，常常痛心；但有时也觉得惟其如此，所以我配获得我的小莲蓬兼小刺猬。此后仍当四面八方地闹呢，还是暂且静静，作一部冷静的专门的书呢，倒是一个问题。好在我们就要见面了，那时再谈。

我的有莲子的小莲蓬，你不要以为我在这里时时如此彻夜呆想，我是并不如此的。这回不过因为睡够了，又有些高兴，所以随便谈谈。吃了午饭以后，大约还要睡觉。加以行期在即，自然也忙些。小米（小刺猬吃的）、棒子面[1]（同上）、果脯等，昨天都已买齐了。

这信封的下端，是因为加添这一张，我自己拆过的。

六月一日晨五时

---

1 玉米面

第 22 封

乖姑：

到后草草寄出一信，先到否？看母亲情形，并无妨碍，大约因年老力衰，而饮食不慎，胃不消化，则突然精力不济，遂现晕眩状态，明日当延医再诊，并问养生之法，倘肯听从，必可痊愈也。

我一路甚好，每日食两餐，睡整夜，亦无识我者，但车头至廊坊附近而坏，至误点两小时，故至前门站时，已午后二时半矣。

北平似一切如旧，西三条亦一切如旧，我仍坐在靠壁之桌前，而止一人，于百静中，自然不能不念及乖姑及小乖姑，或不至于嚷"要PaPa"乎。

其实我在此亦无甚事可为，大约俟疗至母亲可以自己坐立，则吾事毕矣。

存款尚有八百余，足够疗治之用，故上海可无须寄来，看将来用去若干，或任之，或补足，再定。

此地甚暖和，水尚未冰，与上海仿佛，惟木叶已槁而未落，可知无大风也。

你们母子近况如何，望告知，勿隐。

迅

十一月十三夜一时

第 23 封

乖姑：

今（廿日）晨刚寄一函，晚即得十七日信，海婴之乖与就痊，均使我很欢喜。我是极自小心的，每餐（午、晚）只喝一杯黄酒，饭仍一碗，惟昨下午因取书，触一板倒，打在脚趾上，颇痛，即搽[1]兜安氏止痛药，至今晨已全好了。

那张照片，我确放在内山店，见其收入门口账桌之中央抽斗中，上写"MR. K. Chow"者即是，后来我取信，还见过几次，今乃大索不得，殊奇。至于另一张，我已记不清放在哪里，恐怕是在桌灯旁边的一叠纸堆里，亦未可知，可一查，如查得，则并附上之一条纸一并交出，否则，只好由它去了。

我到此后，紫佩，静农，霁野，建功，兼士，幼渔，皆待我甚好，这种老朋友的态度，在上海势利之邦是看不见的。我已应允他们于星期二（廿二）到北大、辅仁大学各讲演一回，又要到女子学院去讲一回，日子未定。至于所讲，那不消说是平和的，也必不离于文学，可勿远念。

此地并不冷，报上所说，并非事实，且谓因冷而火车误点，亦大可笑，火车莫非也怕冷吗？我在这里，并不觉得比上海冷（但夜间在屋外则颇冷），当然不至于感冒也。

母亲虽然还未起床，但是好的，我在此不过作翻译，余无别

---

1 搽（chá），意为"涂抹"。

事，所以住至月底，我想走了，倘不收到我延期之信，你至二十六止，便可以不寄信来。

再谈。

哥

十一月二十日夜八点

我现在睡得早，至迟十一点，因无事也。

第二章
萧红致萧军

我们，是彼此的精神支柱。

均：

不得了！已经打破了记录，今也经提出了十页稿纸，刚
写到了大概吾，但，正在那边论，外边是大风雨，电灯也忽明忽
减了软度，甚麼素了咽奇怪的幻想，差不是今地震吧？三万字
已经有了二十六页了，有意震撼吧！这真是动魄的思想，但，
说真张，心上似百务不平静，也许是因为……在旁边？
电灯又减了一次，对边的雷声好像劈裂書些……似的……我立刻
想起了一个新的题材。

纵前排对着这窗声，並没有什么感觉，现在不怎了，牠仙邸会
远地游到看我的灵魂，

灵魂太他傲的人同時也一空测小，所以我这不崇對我自己。

我常常批大的，寬宏的……

甜的嶽，已经十失一刻了，不知你即是是也有大风雨！

电灯又减了一次。

只得向一声睨安放下笔了。

听～卅了夜，六月。

均：

这张划出的肚痛，二等高看过，可是今天又来了这么一次，从早十点痛到两点。辛苦是四川种疏，辛苦好坏种都了，没意思，只好用约四次意便可用。

药了到了四十度，现在只得得了了，若不到，今天起是五十度，况且也得甲石一至四条故，到吃得很快，有过呢。

这天我还是十二点到一点钟晖爱。热度得很，小海约也比似约的那辛邦神，辛睡，睡了两天又雨乱起一些天不好。不用说。早晨比得还是草的。肚子还是痛，谁说在这几上你的呀。。或有儿拉紧吃不下。

会好，真，但，这回看人修营了。

这稿改至长，抄来一定错字为少，这回得特别加小心。

多多写了，若你修写的你也太多。

祝好。

祝好。

叫月二日

肚子好了。二日五时

第1封

由船上寄—上海

（1936年7月18日发[1]）

君[2]先生：

海上的颜色已经变成黑蓝了，我站在船尾，我望着海，我想：这若是我一个人，我怎敢渡过这样的大海！

这是黄昏以后我才给你写信，舱底的空气并不好，所以船开没有多久，我时时就好像要呕吐，虽然吃了多量的胃粉。

现在船停在长崎了，我打算下去玩玩。昨天的信并没写完就停下了。

到东京再写信吧！

祝好！

莹[3]

七月十八日

---

1 1936年7月17日萧红独自去日本东京疗养。
2 萧军"军"字的谐音。
3 萧红本名张乃莹。

第 2 封

东京—上海

（1936年7月21日发，7月27日至）

均[1]：

你的身体这几天怎么样？吃得舒服吗？睡得也好？当我搬房子的时候，我想：你没有来，假若你也来，你一定看到这样的席子[2]就要先在上面打一个滚，是很好的，像住在画的房子里面似的。

你来信寄到许[3]的地方就好，因为她的房东熟一些。

海滨，许不去，以后再看，或者我自己去。

一张桌和一个椅子都是借的。屋子里面也很规整，只是感到寂寞了一点，总有点好像少了一点什么！住下几天就好了。

外面我听到蝉叫，听到踏踏的奇怪的鞋声，不想写了！也许她们快来叫我出去吃饭的时候了！

你的药不要忘记吃，饭少吃些，可以到游泳池去游泳两次，假若身体太弱，那么到海上去游泳更不能够了。

祝好！

别的朋友也都祝好！

莹

七月廿一日

---

1 萧军"军"字的谐音。

2 日本的榻榻米

3 许粤华（1912—2011），浙江海宁人，翻译家、散文家。当时是黄源的妻子，正在日本学日语。

第3封

东京—上海

（1936年7月26日发，7月31日到）

均：

现在我很难过，很想哭。想要写信，钢笔里面的墨水没有了，可是怎样也装不进来，抽进来的墨水一压又随着压出去了。

华[1]起来就到图书馆去了，我本来也可以去，我留在家里想写一点什么，但哪里写得下去，因为我听不到你那登登上楼的声音了。

这里的天气也算很热，并且讲一句话的人也没有，看的书也没有，报也没有。心情非常坏，想到街上去走走，路又不认识，话也不会讲。

昨天到神保町[2]的书铺去了一次，但那书铺好像与我一点关系也没有，这里太生疏了，满街响着木屐的声音，我一点也听不惯这声音。这样一天一天的我不晓得怎样过下去，真是好像充军西伯利亚一样。

比我们起初来到上海的时候更感到无聊，也许慢慢地就好了，但这要一个长的时间，怕是我忍耐不了。不知道你现在准备要走了没有？我已经来了五六天了，不知为什么你还没有信来？

珂[3]已经在十六号起身回去了。

---

1 许粤华

2 日本东京的书店街，距萧红当时的住处约两三公里。

3 萧红的弟弟张秀珂，当时也在日本留学。

不写了，我要出去吃饭，或者乱走走。

吟[1]上

七月廿六日十时半

---

1 "悄吟"是萧红的笔名。

第4封

东京—青岛

（1936年8月14日发，8月21日到）

均：

接到你四号写的信现在也过好几天了，这信看过后，我倒很放心，因为你快乐，并且样子也健康。

稿子我已经发出去三篇，一篇小说，两篇不成形的短文[1]。现在又要来一篇短文，这些完了之后，就不来这零碎，要来长的了。

现在是十四号，你一定也开始工作了好几天了吧？

鸡子[2]你遵命了，我很高兴。

你以为我在混光阴吗？一年已经混过一个月。

我也不用羡慕你，明年阿拉自己也到青岛去享清福。我把你遣到日本岛上来！

莹

八月十四日

异国

夜间：

这窗外的树声，

听来好像家乡田野上抖动着的高粱，

但，这不是。

1　萧军的散文《邻居》和《水灵山岛》。

2　萧红让萧军每天吃两个鸡蛋。

这是异国了，

踏踏的木屐的声音有时和潮水一般了。

日里：

这青蓝的天空，

好像家乡六月里广茫的原野，

但，这不是。

这是异国了，

这异国的蝉鸣也好像更响了一些。

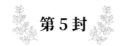

第5封

东京—青岛

（1936年8月17日发，8月22日复）

均：

今天我才是第一次自己出去走个远路，其实我看也不过三五里，但也算了，去的是神保町，那地方的书局很多，也很热闹，但自己走起来也总觉得没什么趣味，想买点什么，也没有买，又沿路走回来了。觉得很生疏，街路和风景都不同，但有黑色的河，那和徐家汇一样，上面是有破船的，船上也有女人、孩子。也是穿着破衣裳。并且那黑水的气味也一样。像这样的河恐怕巴黎也会有！

你的小伤风既然伤了许多日子也应该管它，吃点阿司匹林吧！一吃就好。

现在我庄严地告诉你一件事情，在你看到之后一定要在回信上写明！就是第一件你要买个软枕头，看过我的信就去买！硬枕头使脑神经很坏。你若不买，来信也告诉我一声，我在这边买两个给你寄去，不贵，并且很软。第二件你要买一张当作被子来用的有毛的那种单子，就像我带来那样的，不过更该厚点。你若懒得买，来信也告诉我，也为你寄去。还有，不要忘了夜里不要（吃）东西。没有了。以上这就是所有的这封信上的重要的事情。

我的稿子又交出去一小篇。

照相机[1]现在你也有用了，再寄一些照片来。我在这里多少有点苦寂，不过也没什么，多写些东西也就添补起来了。

旧地重游是很有趣的，并且有那样可爱的海！你现在一定洗海澡去了好几次了？但怕你没有脱衣裳的房子。

你再来信说你这样好那样好，我可说不定也去！我的稿费也可以够了。你怕不怕？我是和（你）开玩笑？也许是假玩笑。

你随手有什么我没有看过的书也寄一本两本来！实在没有书读，越寂寞就越想读书，一天到晚不说话，再加上一天到晚也不看一个字我觉得很残忍，又像我从（前）在旅馆一个人住着的那个样子。但有钱，有钱除掉吃饭也买不到别的趣味。

祝好。

萧上

八月十七日

---

1 萧军用五元买了一个照相机，拍了几张照片寄给萧红。

第6封

东京—青岛

（1936年8月31日发，9月6日到，7日复）

均：

不得了了！已经打破了纪录，今已经超出了十页稿纸。我感到了大欢喜。但，正在我（写）这信，外边是大风雨，电灯已经忽明忽灭了几次。我来了一个奇怪的幻想，是不是会地震呢？三万字已经有了二十六页了。不会震掉吧！这真是幼稚的思想。但，说真话，心上总有点不平静，也许是因为"你"不在旁边？

电灯又灭了一次。外面的雷声好像劈裂着什么似的……我立刻想起了一个新的题材。

从前我对着这雷声，并没有什么感觉，现在不然了，它们都会随时波动着我的灵魂。

灵魂太细微的人同时也一定渺小，所以我并不崇敬我自己。我崇敬粗大的、宽宏的……

我的表已经十点一刻了，不知你那里是不是也有大风雨？

电灯又灭了一次。

只得问一声晚安放下笔了。

吟

八月卅一日夜

第 7 封

东京—青岛

（1936年9月14日发，9月21日到）

均：

你的照片像个小偷。你的信也是两封一齐到。（七日九日两封）

你开口就说我混账东西，好，你真不佩服我？十天写了五十七页稿纸。

你既然不再北去，那也很好，一个人本来也没有更多的趣味。牛奶我没有吃，力弗肝[1]也没有买，因为不知道外国名字，又不知道卖西洋药的药房，这里对于西洋货排斥得很，不容易买到。肚子痛打止痛针也是不行，一句话不会说，并且这里的医生要钱很多。我想买一瓶凡拉蒙预备着下次肚痛，但不知到哪里去买？想问问是无人可问的。

秋天的衣裳，没有买，这里的天气还一点用不着。

我临走时说要给你买一件皮外套的，回上海后，你就要替我买给你自己。四十元左右。我的一些零碎的收入，不要（把）它们寄来，直接你去取好了。

心情又闹坏了，不然这两天就要开始新的。但，停住了。睡觉也不好起来，想来想去。再来麻烦，我可就不受了。

---

1 罗红霉素

我给萧乾[1]的文章，黄也一并交给黎了，你将来见到萧时，说一声对不住。

祝好。

荣子

九月十四日

关于信封，你就一连串写下来好了，不必加点号。

---

1 萧乾（1910—1999），作家、翻译家、记者。当时编辑上海《大公报》的文艺版。

第 8 封

东京—青岛

（1936年9月17日发，9月21日到）

均：

近来我的身体很不健康。我想你也晓得，说不定哪天就要回去的，所以暂且不要有来信。

房东既不会讲话，丢掉了不大好。我是时时给你写信的。我还很爱这里，假若可能我还要住到一年。

你若来信，报报平安也未尝不可。

小鹅[1]

九月十七日

---

1 萧红的昵称。形容萧红遇到高兴或惊愕的事情时两手左右伸开，很像企鹅。

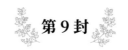

第9封

东京—青岛

（1936年9月21日发，因邮票被剪去了，邮到日期无法知道。）

均：

昨天和今天都是下雨，我上课回来是遇着毛毛雨，所以淋得不很湿。现在我有雨鞋了，但，是男人的样子，所以走在街上有许多人笑，这个地方就是如此守旧的地方，假若衣裳你不和她们穿得同样，谁都要笑你，日本女人穿西装，啰哩啰嗦，但你也必得和她一样啰嗦，假若整齐一些，或是她们没有见过的，人们就要笑。

上课的时间真是够多的，整个的下半天就为着日语消费了去。今天上到第三堂的时候，我的胃就很痛，勉强支持过来了。

这几天很凉了，我买了一件小毛衣（二元五）。将来再冷，我就把大毛衣穿上。我想我的衣裳一定可以支持到下月半。

你替我买给你自己的外套，回去就应该买。

我很爱夜，这里的夜，非常沉静，每夜我要醒几次的，每醒来总是立刻又昏昏地睡去，特别安静，又特别舒适。早晨也是好的，阳光还没晒到我的窗上，我就起来了，想想什么，或是吃点什么。这三两天之内，我的心又安然下来了。什么人什么命，吓了一下，不在乎。

孟有信来，说我回去吧！在这住有什么意思呢？

现在我一个人搭了几次高架电车，很快，并且还钻洞，我觉得很好玩，不是说好玩，而说有意思。因为你说过，女人这个也好玩那个也好玩。上回把我丢了，因为不到站我就下来了，走出了车站看看不对，那么往哪里走呢？我自己也不知道，瞎走吧，反正我记住了我的住址。可笑的是华在的时候，告诉我空中飞着的大气球是什么商店的广告，那商店就离学校不远，我一看到那大球，就奔着去了。于是总算没有丢。

信写到此地，季刊来了。翻着看了半天，把那随笔二篇看了半天，其中很有情感，别无所取。

虹[1]没有信来，你告诉他也不要来信了，别人也告诉不要来信了。

这是你在青岛我给你的末一封信。再写信就是上海了。船上买一点水果带着，但不要吃鸡子，那东西不消化。饼干是可以带的。

祝好。

小鹅

九月二十一日

---

1 罗烽（1909—1991），原名傅天琦，籍贯沈阳，作家。

第10封

东京—青岛

（1936年9月23日发）

均：

　　昨天下午接到你两封信。看了好几遍，本来前一信我说不再往青岛去信了，可是又不能不写了。既接到信，也总是想回的，不管有事没有事。

　　今天放假，日本的什么节[1]。

　　《第三代》[2]居然间上一部快完了，真是能耐不小！大概我写信时就已经完了。

　　小东西，你还认得那是你裤子上剩下来的绸子？

　　坏得很，跟外国孩子去骂嘴！

　　水果我还是不常吃，因为不喜欢。

　　因为下雨所以你想我了，我也有些想你呢！这里也是两三天没有晴天。

　　不写了。

莹

九月廿三日

1　日本的旧祭日"秋季皇灵祭"。

2　萧军的长篇小说，后改名为《过去的年代》。

第 11 封

东京—上海

（1936年10月13日发，10月18日到）

均：

　　我不回去了，来回乱跑，啰啰嗦嗦，想来想去，还是住下去吧！若真不得已那是没有法子。不过现在很平安。

　　近一个月来，又是空过的，日子过得不算舒服。

　　奇[1]他们很好？小奇[2]赶上小明那样可爱不？一晃三年不见他们了。奇一定是关于我问来问去吧？你没问俄文先生怎么样？他们今后打算住在什么地（方）呢？他们的经济情形如何？

　　天冷了，秋雨整天地下了，钱也快（用）完了。请寄来一些吧！还有三十多元在手中，等钱到我才去买外套。月底我想一定会到的。

　　你的精神为了旅行很快活吧？

　　我已写信给孟，若你不在就请他寄来。

　　我很好。在电影上我看到了北四川路，我也看到了施高塔路，（那）一刻我的心是忐忑不安的。我想到了病老而且又在奔波里的人[3]了。

　　祝好。

吟

十月十三日

---

1 萧红和萧军在哈尔滨时的朋友。

2 奇的女儿

3 鲁迅

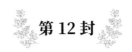

第 12 封

东京—上海

（1936年10月21日发，10月26日到）

均：

昨天发的信，但现在一空下来就又想写点了。你们找的房子在哪里？多么大？好不好？这些问题虽然现在是和我无关了，但总禁不住要想。真是不巧，若不然我们和明他们在一起住上几个日子。

明，他也可以给我写点关于他新生活的愿望吗？因为我什么也不知道。小奇什么样？好教人喜欢的孩子吗？均，你是什么都看到了，我是什么也没看到。

均，你看我什么时候总好欠个小账，昨天在夜市的一个小摊子上欠了六分钱，写完了这一页纸就要去还的。

前些日子我还买了一本画册打算送给L[1]。但现在这画只得留着自己来看了。我是非常爱这画册，若不然我想寄给你，但你也一定不怎么喜欢，所以这念头就打消了。

下了三天昼夜没有断的小雨，今天晴了，心情也新鲜了一些。

小沙发对于我简直是一个客人，在我的生活上简直是一件重大的事情，它给我减去了不少的孤独之感。总是坐在墙角在陪着我。

奇什么时候南来呢？

祝好。

吟

十月廿一日

---

1 鲁迅

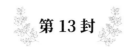

第 13 封

东京—上海

（1936年10月24日发）

军：

关于周先生[1]的死，二十一日的报上，我就渺渺茫茫知道一点，但我不相信自己是对的，我跑去问了那唯一的熟人，她说："你是不懂日本文的，你看错了。"我很希望我是看错，所以很安心地回来了，虽然去的时候是流着眼泪。

昨夜，我是不能不哭了。我看到一张中国报上清清楚楚登着他的照片，而且是那么痛苦的一刻。可惜我的哭声不能和你们的哭声混在一道。

现在他已经是离开我们五天了，不知现在他睡到哪里去了？虽然在三个月前向他告别的时候，他是坐在藤椅上，而且说："每到码头，就有验病的上来，不要怕，中国人就专会吓唬中国人，茶房就会说：验病的来啦！来啦！……"

我等着你的信来。

可怕的是许女士[2]的悲痛，想个法子，好好安慰着她，最好是使她不要静下来，多多地和她来往。过了这一个最难忍的痛苦的初期，以后总是比开头容易平伏下来。还有那孩子，我真不能够想象了。我想一步踏了回来，这想象的时间，在一个完全孤独了的人是

---

1 鲁迅

2 鲁迅的夫人许广平（1898—1968），广东番禺人，作家、社会活动家。

多么可怕！

　　最后你替我去送一个花圈或是什么。

　　告诉许女士：看在孩子[1]的面上，不要太多哭。

红

十月二十四日

---

1 周海婴，鲁迅和许广平的孩子。

第 14 封

东京—上海

（1936年10月29日发，11月3日到，4日复）

均：

挂号信收到。四十一元二角五的汇票，明天去领。二十号给你一信，二十四又一信，大概也都收到了吧？

你的房子虽然贵一点，但也不要紧，过过冬再说吧。外国人家的房子，大半不坏，冬天装起火炉来，暖烘烘地住上三两月再说。房钱虽贵，我主张你是不必再搬的，一个人，还不比两个人，若冷冷清清的过着冬夜，那赶上上冰山一样了。也许你不然，我就不行，我总是这么没出息，虽然是三个月不见了，但没出息还是没出息，不过回去我是不回去的。奇来了时，你和明他们在一道也很热闹了。

钱到手就要没有的，要去买件夹外套，这几天就很冷了。余下的钱，我想在十一月一个整月就要不够。既住下去，钱少总害怕，而且怕生病，怕打仗。在这里是绝对孤独的。一百元不知能弄到不能？请你下一封信回我。总要有路费留在手里才放心。

这几天，火上得不小，嘴唇又全烧破了。其实一个人的死[1]是必然的，但知道那道理是道理，情感上就总不行。我们刚来到上海的时候，另外不认识更多的一个人了。在冷清清的亭子间里读着他的

---

[1] 萧红在日本知道了鲁迅去世的噩耗。

信，只有他，安慰着两个飘泊的灵魂……写到此地鼻子就酸了。

均：童话未能开始，我也不作那计划了，太难，我的民间生活不够用的。现在开始一个两万字的，大约下月五号完毕。之后，就要来一个十万字的了，在十二月以内可以使你读到原稿。

日语懂了一些了。

日本乐器，"筝"在我的邻居家里响着。不敢说是思乡，也不敢说是思什么，但就总想哭。

什么也不再写下去了。

河清，我向你问好。

吟

十月廿九日

第15封

东京—上海

（1936年11月9日发，11月17日复）

均：

昨夜接到一信，今晨接到一信。

关于回忆L一类的文章[1]，一时写不出，不是文章难作，倒是情绪方面难以处理。本来是活人，强要说他死了！一这么想，就非常难过。

许，她还关心别人？她自己就够使人关心的了。

"刊物"是怎样的性质呢？和《中流》差不多？为什么老胡[2]就连文章也不常见了呢？现在寄出手套两副，河清一副，你一副。

短篇没有写完。完时即寄出。

祝好。

荣子

十一月九日

---

1 回忆鲁迅的文章。

2 胡风（1902—1985），原名张光人，湖北蕲春人，文艺理论家。

第16封

东京—上海

（1936年11月19日发，11月××日到）

均：

因为夜里发烧，一个月来，就是嘴唇，这一块那一块的破着，精神也烦躁得很，所以一直把工作停了下来。想了些无用的和辽远的想头。文章一时寄不去。

买了三张画，东墙上一张、南墙上一张、北墙上一张。一张是一男一女在长廊上相会，廊口处站着一个弹琴的女人。还有一张是关于战争的，在一个破屋子里把花瓶打碎了，因为喝了酒，军人穿着绿裤子就跳舞。我最喜欢的是第三张，一个小孩睡在檐下了，在椅子上，靠着软枕。旁边来了的，大概是她的母亲，在栅栏外肩着大镰刀的大概是她的父亲。那檐下方块石头的廊道，那远处微红的晚天，那茅草的屋檐，檐下开着的格窗，那孩子双双的垂着两条小腿。真是好，不瞒你说，因为看到了那女孩好像看到了我自己似的，我小的时候就是那样，所以我很爱她。

投主称王，这是要费一些心思的，但也不必太费，反正自己最重要的是工作，为大体着想，也是工作。聚合能工作一方面的，有个团体，力量可能充足，我想主要的特色是在人上，自己来吧，投什么主，谁配作主？说到这里，不能不伤心，我们的老将去了还不几天啊！

关于周先生的全集[1]，能不能很快地集起来呢？我想中国人集中国人的文章总比日本集他的方便，这里，在十一月里他的全集就要出版，这真可佩服。我想找胡、聂[2]、黄等诸人，立刻就商量起来。

《商市街》[3]被人家喜欢，也很感谢。

莉[4]有信来，孩子死了，那孩子的命不大好，活着尽生病。

这里没有书看，有时候自己很生气。看看《水浒》吧！看着看着就睡着了，夜半里的头痛和恶梦对于我是非常坏。前夜就是那样醒来的，而不敢再睡了。

我的那瓶红色酒，到现在还是多半瓶，前天我偶然借了房东的锅子烧了点菜，就在火盆上烧的（对了，我还没告诉你，我已经买了火盆，前天是星期日，我来试试）。小桌子，摆好了，但吃起来不是滋味，于是反受到了感触，我虽不是什么多情的人，但也有些感触，于是把房东的孩子唤来，对面吃了。

地震，真是骇人，小的没有什么，上次震得可不小，两三分钟，房子格格地响着，表在墙上摇着。天还未明，我开了灯，也被震灭了，我梦里梦中地穿着短衣裳跑下楼去，房东也起来了，他们好像要逃的样子，隔壁的老太婆叫唤着我，开着门，人却没有应声，等她看到我是在楼下，大家大笑了一场。

纸烟向来不抽了，可是近几天忽然又挂在嘴上。

胃很好，很能吃，就好像我们在顶穷的时候那样，就连块面包皮也是喜欢的，点心之类，不敢买，买了就放不下。也许因为日本

---

1 《鲁迅全集》。

2 聂绀弩（1903—1985），湖北京山人，诗人、散文家。

3 萧红以"哨吟"署名印行的散文集，上海文化生活出版社出版。

4 白朗（1912—1990），辽宁沈阳人。又名刘莉，女作家。

饭没有油水的关系，早饭一毛钱，晚饭两毛钱，中午两片面包一瓶牛奶。越能吃，我越节制着它。我想胃病好了也就是这原因。但是闲饥难忍，这是不错的。但就把自己布置到这里了，精神上的不能忍也忍了下去，何况这一个饥呢？

又收到了五十元的汇票，不少了。你的费用也不小，再有钱就留下你用吧，明年一月末，照预算是够了的。

前些日子，总梦想着今冬要去滑冰，这里的别的东西都贵，只有滑冰鞋又好又便宜，旧货店门口，挂着的崭新的，简直看不出是旧货，鞋和刀子都好，十一元。还有八九元的也好。但滑冰场一点钟的门票五角。还离得很远，车钱不算，我合计一下，这干不得。我又打算随时买一点旧画，中国是没处买的，一方面留着带回国去，一方面围着火盆看一看，消消寂寞。

均：你是还没过过这样的生活，和蛹一样，自己被卷在茧里去。希望固然有，目的也固然有，但是都那么远和那么大。人尽靠着远的和大的来生活是不行的，虽然生活是为着将来而不是为着现在。

窗上洒满着白月的当儿，我愿意关了灯，坐下来沉默一些时候，就在这沉默中，忽然像有警钟似的来到我的心上："这不就是我的黄金时代吗？此刻。"于是我摸着桌布，回身摸着藤椅的边沿，而后把手举到面前，模模糊糊的，但确认定这是自己的手，而后再看到那单细的窗棂上去。是的，自己就在日本。自由和舒适，平静和安闲，经济一点也不压迫，这真是黄金时代，但又是多么寂寞的黄金时代呀！别人的黄金时代是舒展着翅膀过的，而我的黄金时代，是在笼子（里）过的。从此我又想到了别的，什么事来到我这里就不对了，也不是时候了。对于自己的平安，显然是有些不惯，所以又爱这平安，又怕这平安。

均：上面又写了一些怕又引起你误解的一些话，因为一向你看得我很弱。

前天我还给奇一信。这信就给她看看吧！

许君处，替我问候。

吟

十一月十九日

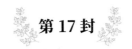

第 17 封

东京—上海

（1936年12月末发，1937年1月10日复）

军：

你亦人也，吾亦人也，你则健康，我则多病，常兴健牛与病驴之感，故每暗中惭愧。

现在头亦不痛，脚亦不痛，勿劳念念耳。

专此

年禧。

莹

十二月末

第 18 封

东京—上海

（1937年1月4日发，1月12日到）

军：

新年却没有什么乐事可告，只是邻居（家）着了一场大火。我却没有受惊，因在沈女士处过夜。

二号接到你的一封信，也接到珂的信。这是他关于你（的）鉴赏。今寄上。

祝好。

荣子

一月四日

（附：张秀珂给萧红关于萧军印象的信）

有一件事，我高兴说给你：

军，虽然以前我们没会过面，然而我从相片和书中看到他的豪爽和强烈的正义感，不过待到这几天的相处以来，更加证实、更加逼真。昨天我们一同吃西餐，在席上略微饮点酒，出来时，我看他脸很红，好像为一件感情所激动。我虽然不明白，然而我了解他，我觉得喜欢且可爱！

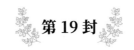

第19封

北京—上海

（1937年4月25日发，4月29日到）

军：

现在是下午两点，火车摇得很厉害，几乎写不成字。

火车已经过了黄河桥，但我的心好像仍然在悬空着。一路上看些被砍折的秃树，白色的鸭鹅和一些从西安回来的东北军。马匹就在铁道旁吃草，也有的成排地站在运货的车厢里边，马的背脊成了一条线，好像鱼的背脊一样。而车厢上则写着津浦。

我带的苹果吃了一个，纸烟只吃了三两颗。一切欲望好像都不怎样大，只觉得厌烦，厌烦。

这是第三天的上午九时，车停在一个小站，这时候我坐在会客室里，窗外平地上尽是些坟墓，远处并且飞着乌鸦和别的大鸟。从昨夜已经是来了北方。今晨起得很早，因为天晴太阳好，贪看一些野景。

不知你正在思索一些什么？

方才经过了两片梨树地，很好看的，在朝雾里边它们隐隐约约地发着白色。

东北军从并行的一条铁道上被运过去那么许多，不仅是一两趟车，我看见的就有三四次了。他们都弄得和泥猴一样，它们和马匹一样在冒着小雨，它们的欢喜不知是从哪里得来，还闹着笑着。

车一开起来，字就写不好了。

唐官[1]一带的土地，还保持着土地原来的颜色。有的正在下种，有的黑牛或白马在上面拉着犁杖。

这信本想昨天就寄，但没有找到邮筒，写着看吧！

刚一到来，我就到了迎贤公寓，不好。于是就到了中央饭店住下，一天两块钱。

立刻我就去找周[2]的家，这真是怪事，哪里有？洋车跑到宣外，问了警察，也说太平桥只在宣内，宣外另有个别的桥，究竟是个什么桥，我也不知道。于是就跑到宣内的太平桥，二十五号是找到了，但没有姓周的，无论姓什么的也没有，只是一家粮米铺。于是我游了我的旧居，那已经改成一家公寓了。我又找了姓胡的旧同学，门房说是胡小姐已经不在，那意思大概是出嫁了。

北平的尘土几乎是把我的眼睛迷住，使我真是恼丧，那种破落的滋味立刻浮上心头。

于是我跑到李镜之七年前他在那里做事的学校去，真是七年间相同一日，他仍在那里做事。听差告诉我，他的家就住在学校的旁边，当时实在使我难以相信。我跑到他家里去，看到了儿女一大群。于是又知道了李洁吾[3]，他也有一个小孩了，晚饭就吃在他家里，他太太烧的面条。饭后谈了一些时候，关于我的消息，知道得不少，有的是从文章上得知，有的是从传言。九时许，他送出胡同来，替我叫了洋车，我自归来就寝。总算不错，到底有个熟人。

明天他们替我看房子，旅馆不能多住的，明天就有了决定。

并且我还要到宣外去找那个什么桥，一定是你把地址弄错，不

---

1 唐官生，天津西南的一个镇。

2 周香谷，萧军的同学。

3 萧红在哈尔滨时的老朋友。1937年4月至5月，萧红曾到北平探访他。

然绝不会找不到的。

祝你饮食和起居一切平安。

珂同此。

荣子

四月廿五日夜一时

第 20 封

北京—上海

（1937年4月27日发，5月2日到）

均：

前天下午搬到洁吾家来住，我自己占据了一间房。二三日内我就搬到北辰宫去住下，这里一个人找房子很难，而且一时不容易找到。北辰宫是个公寓，比较阔气，房租每月二十四也或者三十元，因为一间空房没有，所以暂且等待两天。前天为了房子的事，我很着急。思索了半天才下了决心，住吧！或者能够多做点事，有点代价就什么都有了。

现在他们夫妇都出去了，在院心我替他们看管孩子。院心种着两棵梨树，正开着白花，公园或是北海，我还没有去过，坐在家里和他们闲谈了两天，知道他们夫妇彼此各有痛苦。我真奇怪，谁家都是这样，这真是发疯的社会。可笑的是我竟成了老大哥一样给他们说着道理。

淑奇这两天来没有来？你的精神怎么样？珂的事情决定了没有？我本想寄航空信给你，但邮政总局离得太远，你一定等信等得很急。

"八月[1]"和"生[2]"这地方老早就已买不到了，不知是什么原因，至于翻版更不得见。请各寄两本来，送送朋友。洁吾关于我们

---

1 《八月的乡村》

2 《生死场》

的生活从文字上知道的。差不多我们的文章他全读过，就连"大连丸[1]"他也读过，他常常想着你的长相如何？等看到了照相看了好多时候。他说你是很厉害的人物，并且有魄力。我听了很替你高兴。他说从《第三代》上就能看得出来。

虽然来到了四五天，还没有安心，等搬了一定的住处就好了。

你喝酒多少？

我很想念我的小屋，花盆浇水了没有？

昨天夜里就搬到北辰宫来，房间不算好，每月二十四元。

住着看，也许住上五天六天的，在这期间我自己出去观看民房。

到今天已是一个礼拜了，还是安不下心来，人这动物，真不是好动物。

周家我暂时不去了，等你来信再说。

写信请寄到北平东城北池子头条七号李家即可。

你的那篇东西做出去没有？

祝好。

荣子

四月廿七日

---

1 萧军的一篇短文。

第 21 封

北京—上海

（1937年5月3日发，5月6日即复）

军：

昨天看的电影《茶花女》，还好。今天到东安市场吃完饭回来，睡了一觉。现在是下午六点，在我未开笔写这信的之前，是在读《海上述林》[1]，很好，读得很有趣味。

但心情又和在日本差不多，虽然有两个熟人，也还是差不多。

我一定应该工作的，工作起来，就一切充实了。

你不要喝酒了，听人说，酒能够伤肝，若有了肝病，那是不好治的。就（是）所谓肝气病。

北平虽然吃得好，但一个人吃起来不是滋味。于是也就马马虎虎了。

我想你应该有信来了，不见你的信，好像总有一件事，我希望快来信！

珂好！

奇好！

你也好！

荣子

五月三日

通讯：北平东城北池子头条七号李家转。

---

1 瞿秋白的遗作，鲁迅编校印行。

第 22 封

北京—上海

（1937年5月4日发）

军：

昨天又寄一信，我总觉我的信都寄得那么慢，不然为什么已经这些天了还没能知道一点你的消息？其实是我个人性急而不推想一下邮便所必须费去的日子。

连这封信，是第四封了。我想那时候我真是为别离所慌乱了，不然又为什么写错了一个号数？就连昨天寄的这信，也写的是那个错的号数，不知可能不丢吗？

我虽写信并不写什么痛苦的字眼，说话也尽是欢快的话语，但我的心就像被浸在毒汁里那么黑暗，浸得久了，或者我的心会被淹死的。我知道这是不对，我时时在批判着自己，但这是情感，我批判不了。我知道炎暑是并不长久的，过了炎暑大概就可以来了秋凉。但明明是知道，明明又做不到。正在口渴的那一刻，觉得口渴那个真理，就是世界上顶高的真理。

既然那样我看你还是搬个家的好。

关于珂，我主张既然能够去江西，还是去江西的好。我们的生活还没有一定，他也跟着跑来跑去，还不如让他去安定一个时期，或者上冬，我们有一定了，再让他来。年轻人吃点苦好，总比有苦留着后来吃强。

昨天我又去找周家一次，这次是宣武门外的那个桥，达智桥，二十五号也找到了，巧得很，也是个粮米店，并没有任何住户。

这几天我又恢复了夜里害怕的毛病，并且在梦中常常生起死的那个观念。

痛苦的人生啊！服毒的人生啊！

我常常怀疑自己或者我怕是忍耐不住了吧？我的神经或者比丝线还细了吧？

我是多么替自己避免着这种想头，但还有比正在经验着的还更真切的吗？我现在就正在经验着。

我哭，我也是不能哭。不允许我哭，失掉了哭的自由了。我不知为什么把自己弄得这样，连精神都给自己上了枷锁了。

这回的心情还不比去日本的心情，什么能救了我呀！上帝！什么能救了我呀！我一定要用那只曾经把我建设起来的那只手把自己来打碎吗？

祝好！

荣子

五月四日晚

所有我们的书，若有精装，请各寄一本来。

第 23 封

北京—上海

（1937年5月9日发，5月12日到）

军：

我今天接到你的信就跑回来写信的，但没有寄，心情不好，我想你读了也不好，因为我是哭着写的，接你两封信，哭了两回。

这几天也还是天天到李家去，不过待不多久。

我在东安市场吃饭，每顿不到两毛，味极佳。羊肉面一毛钱一碗。再加两个花卷，或者再来个炒素菜。一共才是两角。可惜我对着这样的好饭菜，没能喝上一盅，抱歉。

六号那天也是写了一信，也是没寄。你的饮食我想还是照旧，饼干买了没有？多吃点水果。

你来信说每天看天一小时会变成美人，这个是办不到的。说起来很伤心，我自幼就喜欢看天，一直看到现在还是喜欢看，但我并没变成美人。若是真是，我又何能东西奔波呢？可见美人自有美人在。（这个话开玩笑也。）

奇是不可靠的，黑人[1]来李家找我。这是她之所嘱。和李太太、我，三个人逛了北海。我已经是离开上海半月多了，心绪仍是乱绞，我想我这是走的败路。但我不愿意多说。

《海上述林》读毕，并请把《安娜可林娜》[2]寄来一读。还有

1　舒群（1913—1989），原名李书堂，黑龙江哈尔滨人。作家。
2　托尔斯泰的小说《安娜·卡列尼娜》。

《冰岛渔夫》[1]，还有《猎人日记》[2]。这（些）书寄来给洁吾读。不必挂号。若有什么可读的书，就请随（时）掷来，存在李家不会丢失，等离上海时也方便。

我的长篇并没有计划，但此时我并不过于自责，如你所说："为了恋爱，而忘掉了人民，女人的性格啊！自私啊！"从前，我也这样想，可是现在我不了，因为我看见男子为了并不怎值得爱的女子，不但忘了人民，而且忘了性命。何况我还没有忘了性命，就是忘了性命也是值得呀！在人生的路上，总算有一个时期在我的脚迹旁边，也踏着他的脚迹。总算两个灵魂和两根琴弦似的互相调谐过。（这句话在原信上写了又用笔划了，但还看得出来，所以我仍把它照录在这里——萧军附注一九七八年九月十七日）这一句似乎有点特别高攀，故涂去。（这是萧红原来的附注——萧军）

笔墨都买了，要写大字。但房子有是有，和人家住一个院不方便。至于立合同，等你来时再说吧！

祝好你！

上帝给你健康！

荣子

五月九日

---

1 法国作家罗逊的小说。

2 俄国作家屠格涅夫的小说。

第 24 封

北京—上海

（1937年5月11日发）

军：

今晨写了一信，又未寄。

精神不甚好，写了一张大字，写得亦不好，等写好时寄给你一张当作字画。

卢骚[1]的《忏悔录》快读完了，尽是些与女人的故事。

洁吾家我亦不愿多坐，那是个沉闷的家庭。

我现在的房子太贵，想租民房，又讨厌麻烦。

我看你还是搬一搬家好，常住一个很熟的地方不大好。

昨天下午，无聊之甚，跑到北海去坐了两个钟头。女人真是倒霉，即使逛逛公园也要让人家左一眼右一眼地看来看去，看得不自在。

今天很热，睡了一觉。

从饭馆子出来几乎没有跌倒，不知为什么像是服毒那么个滋味。睡了一觉好了。

你要多吃水果，因为菜类一定吃得很少。

祝好！

荣子

五月十一日

---

1 指卢梭，法国18世纪的启蒙思想家。

第 25 封

北京—上海

（1937年5月15日发，5月17日到）

军：

前天去逛了长城，是同黑人一块去的。真伟大，那些山比海洋更能震惊人的灵魂。到日暮的时候，起了大风，那风声好像海声一样，《吊古战场文》[1]上所说：风悲日曛。群山纠纷。这就正是这种景况。

夜十一时归来，疲乏得很，因为去长城的前夜，和黑人一同去看戏，因为他的公寓关门太早的缘故，就住在我的地板上，因为过惯了有纪律的生活，觉得很窘，所以通夜失眠。

你寄来的书，昨天接到了。前后接到两次，第一次四本，第二次六本。

你来的信也都接到的，最后这回规劝的信也接到的。

我很赞成，你说的是道理，我应该去照做。

祝好！

荣子

五月十五日

奇不另写了，这里有在长城上得到的小花，请你分给她几棵。

---

1 唐代文学家李华的散文。

第三章
朱自清致陈竹隐

我盼你真盼得有些傻了。

隆弟：昨早發來，想收到了。今日下午接到你的信，感謝，

你最近的三封信寫得真好。今天這封信我在百忙中看

了三遍；上星期六那一封，看的遍數更多不用說！我們初認識的時

候，原諒我，我真沒有想到你會寫這樣有力量有風趣的信。

遠而大部的唉嗽，沒有好，但也不見厲害。精神卻不甚佳。

我精神不佳時，思念的調上亦像是陰晴的，所以意義有些仙你說

的矛盾心理，現在還想不真？是什麼。但是得定是个体的

建兒，我且猜猜看，是進退？是現在和將來？你若再多給些

國立清華大學用箋

時示，現在都不大会猜着的。——唉！想不到一个用浮枝证的要说，竟

弄倒了一位国文先生！

你说喝酒，像這个有经验的力，我也是服膺

的。人间「及时行喝」，可慢慢品尝其味兒；但有时候也也须痛

饮的。你说微醺之好，濁醉也不在精中，邊侯微的态度很有

意思，還记得胃气風邊，未免大煞案了。

你想解釋我要画画未的意思的那画，谢谢你，我怪好地迴這

下子更要画的啰。——迟句話为甚麽了逗点？

好！

祝

隱妹：

臨時回來，看見當膚州常來與，想起兩扎琛客日多

長日卒不弘又捕遠去。

豆豉裹要不要捎垫，塘先封我們（另

你如衣順談生力翔裏給你送來。

醫院的苔栗，先生休養，请檢示來人。

以天寿完了，别忘了字你给我以悅上我也许打電話給

你。

笪軍屋，十五日。

第1封

竹隐弟：

昨晚别后，即到同学会，幸而有房子。但室内温度没有前晚住大旅社时的好，所以睡得不顶适意。一早就醒了，躺了一两点钟，想着香山，想着北海，想着黔阳馆，想着昨晚走过的路径，想着一个人的名字！

这个人的名字，几乎费了我这个假期中所有的独处的时间！我不能念书，不能写信，甚至看报也迷迷糊糊的！我相信我是个能镇静的人，但是天知道，我现在是怎样扰乱啊！希望这剩余的几日，能够"平静"一些。可是，你知道，我怎能够呢？

这个人的聪明教我喜悦；但是现在，似乎又教我担心。她昨晚上说，聪明人很利害，不会像现在这样；可是你知道，真聪明的人，有些事是"不在乎"的。这个"不在乎"，我觉得有意思，又觉得有些不可测似的。而她，你知道，就是这种"不在乎"的女人！

这些无聊的话，希望不至于使你厌倦，我今天也许走不成，但明日上午一定得走了。本想看一看故宫，可惜来不及了。你若有工夫，可不可以就给我一封信！

T.T.C.

（一九三一年一月）三日早

第2封

竹隐弟：

星期一的信该到了。昨天起就盼你的回信，但是到现在还不见！我猜不出这个缘故，希望这是邮政局的错处！

现在心里有点不安静，刚才往女师大打了两次电话，都不通。本来这个电话打不通是常事，打得通才是怪事呢。

我又想你别是报复我前回没给你写信吧，但我知道你是个宽容的人，你不会这样做的。那回我没给你信，似乎没有使你不安静；而你这回，你知道，可大不同了！最要紧的，我不知道这个星期六你还有没有工夫！

昨晚跟了德文班的学生到北京饭店去听德国人演《浮士德》[1]。听是一句也听不懂，但看神气那女主角做得似乎不错；尤其是唱的一支歌，旖旎入人。我们晚八点去，两点才回校；因为今早还有课。

假使你真没有回我的信而还许我星期六来看你的话，希望明晚，或后日早十时半至十二时，打个电话给我！敬祝安好！

自清

（一九三一年）一月十五日下午四时半

---

1 五幕法语歌剧，题材取自德国作家歌德的同名诗剧第一部分，1859年首演于巴黎。歌剧《浮士德》被誉为世界"十大歌剧"之一。

第3封

隐弟：

今日午发一信。不久就接到来信，你的话句句都有意思，论"上帝"的几节，更是透达；你像一颗水晶球，上面栖不住半星儿尘土。但我究竟也没有什么秘密的，我只是在等着一件事；这件事定了，一切计划便也容易定了。我想你猜得出这是一件什么事。你问我怎样度过就要来到的春天，我现在只能说我有很好的期待；好在春天就要来到，咱们总会知道怎么办的。春天可以给人力量，正如它给花草以力量。我知道你是懂得我的，隐弟，我更愿意你能相信我！

我的肠胃还未复原；也许不久要上协和[1]检查身体去。谢谢你的关切！我的身子还觉得倦，不多写了，星期五见。祝好！

手边没有像样的信纸和笔，原谅我！

清

（一九三一年一月）二十八日晚十二时半

---

1 协和医院，位于大木仓胡同，是当时北平最好的医院之一。

第4封

隐弟：

昨早发一信，想收到了。但你为什么又没有信给我呢？

回校三天，只看完燕大的考卷，别的时间都消耗在访问与见客两件事上。今夜想发愤看完清华考卷，但不知做得到否。

你的伤风病已痊愈否？极念！我胃痛从昨天起已好。但真费了不少力量，才能勉强节食；我在这一点上，有些小孩脾气。

星期日下午二时半想来看你；希望你能等我！祝好！

清

（一九三一年）二月五日灯下

第5封

竹隐：

　　回来后读了你的信，颇为感动。你对我并没有一点不对的地方，并没有一句"得罪"我的话。这个我星期六已说过了，我也没有认识新朋友，也无所谓"快乐"，如你所猜的。但是这一日来，我的身体精神却都不很好，行动上也许有些颓唐；你所觉得的大约便是这个罢？我这个人有两样不小的毛病，一是思虑太多，二是因循[1]；精神不好时更是如此。这也许正是中年人的表征吧？所思虑的无非是时代及自己的将来等等；这在别人或者用不着这样想，但我是从最近的启蒙时代[2]过来的人，便禁不住不想了。想来想去，所得的只是彷徨。现在正希望克服这种彷徨的性习，不知道有没有这个定力。

　　感谢你的态度！对于一个平凡的人像我，你实已经给了太多的好意！——这个"太"字是北平的用法——感谢你！这封信本该昨晚写，但昨晚实在太倦了，又发了胃病，所以一直延到现在写，明天用快信寄给你。这些日子睡眠也太少，精神老是不能集中，这封信若有说错的地方，请原谅罢！记得在上星期六在葆荣斋[3]无意中说了一句真正得罪人的话；那句话我是想说了解释的，

---

1 拖延；守旧

2 指五四新文化运动时期。

3 葆荣斋咖啡馆，顾客以女学生为多。20世纪30年代，它与西单的英林咖啡馆和东安市场的国强咖啡馆并称为北平三大咖啡馆。

但结果反像开玩笑似的。我知道那时候是不该说笑话的。那句话也请原谅吧。

　　星期六一定再写一封奉寄。星期六见！祝你安好！

清

二日晚

第6封

竹隐：

　　昨早你们走后约二十分钟，便下起雨来了。坐车的大约还不要紧，你们两位骑驴的可不免要受淋了！很不放心你们的当时——虽然也知道细雨中驴背上是很有诗意的。

　　猜想你们在李家一定盘桓了很久；吃饭是当然。李家自然极客气地接待你们；北方饭菜还好吃否？李莲英的宅子到底怎样？——你们是何时入城的？

　　我是实在倦了，不然准得陪你们上海淀，当然也得陪着淋雨；因为我若去一定是骑驴的。下午因雨裁缝没来，编辑会因学生不在校也没开成。我白天和衣睡了一觉，顶舒服；可惜担心开会，只睡了一小时许就醒了。晚上十点睡，因有些驱遣不去的杂念，一夜没大睡好。我是仍睡在俞家，盖得太多，也是一个原因。

　　你们倦不倦？让我猜你的回答，一定是"不觉得怎样"！是吧？

清

（一九三一年五月）五日

第7封

隐：

十六那晚上是很可纪念的，我们决定了一件大事[1]，谢谢你！这件事我原想那天向你说，因你病了，想等你好时再说，但现在说出也很好，希望我这一点诚意能教你高兴，病复原得更快些！你这两天觉得怎样？今天到协和去，大夫怎么说？念甚！

想送你一个戒指，下星期六可以一同去看。但关于这种事，我向来没留过意，不知应该到什么地方去看。大约是廊房头条[2]吧？请你斟酌告我。

带回来的相片，连送人已经用掉六张，大约还存两张了。有人劝我重照一回，我想且等高兴照时再去；因为我并不愿照相的。

知道我们的事的，已有叶麐[3]、浦江清[4]、邹湘乔[5]三位，他们都很高兴的。俞平伯还未回，明天他也可知道了。祝你病好！

廖该知道我们的事了吧？又及。

清

（一九三一年）五月十八日晚

---

1 当晚，朱自清与陈竹隐订婚。
2 胡同名，位于前门大街路西，是商业繁荣之地。
3 叶麐（1893—1977），心理学家、翻译家、教育家。与朱自清友善。
4 浦江清（1904—1957），著名古典文学研究专家。
5 邹湘乔（1894—1978），学者、书法家。当时任清华中文系教员。

第8封

隐：

　　昨晚送你到女院时，车上已觉昏倦，到李阁老胡同路上亦然；因为酒喝得也不少。江五弟将床让给我睡，睡得很好。今早醒得很早，因为早上我照例是睡不着的；况且六点时就有人大叫"开壶"了。

　　到李家洗了脸，取了东西，就到东城洗牙。今天运气好，同仁大夫居然得空。洗了约一点钟，颇有新鲜的感觉。大夫劝我每年洗一次，他说我的牙很好，好极了。我颇得意地到青年会上车。

　　回来吃了饭就有客人来谈，谈到六点钟，接着又去俞宅玩牌，现在才完。这几天累极了，精神不大好，今晚要好好休息一下。明天想看一天卷。

以上星期四晚写

　　我的护照与留学证书等，昨已送来，但有用与否，殊不可知。

　　明天下午，我决定径赴北海，在那里和你见面。这回不到练琴室，却是一个例外。

　　这几天虽然疲倦，但前天下午却给我新的振作。你的衣服，我很喜欢，如汪汪的潭水。一见你眼睛便清明起来。我更喜欢看你那晕红的双脸，黄昏时的霞彩似的。谢谢你给我的力量！

你的清

（一九三一年六月十二日）星期五早写成

第9封

亲爱的隐妹：

城里回来，累极了，直到你的信来才写这信。你有些等得心焦吧！

那晚上果然谈到你。李先生说你很漂亮，身材很苗条，态度很大方。他说定在二十七（阴历）请我们，我想你一定高兴去的。但他未定地方，临时再告你吧。

今早醒来，因倦懒得起来，模模糊糊地直想着你，直想到非非的境界。我这一年被你牵引得真有些飘飘然；现在是一个多月了，不曾坐下看一行书。你，你这可恨的！你说这光景是苦不是甜；不错，但深一些说，这正是"别一种滋味在心头"哟。

琼妹竟如此不乐张，真是无法。明日想写信去安慰安慰她，但怎样措词呢？我得仔细想想才行。

星期六等着你这"狗东西"！

你的清

（一九三一年七月）二日

第 10 封

亲爱的隐：

前晚在南海[1]，不免有些胡闹，该能原谅我！下回是，遵你的吩咐，不敢再那么闹了。但我那回闹其实也不算很"胡"，因为我知道你心里不好受，闹一闹也许暂时高兴一下；我的这番苦心，你该不说是"遁辞"吧？

那晚到女师大，不得入门，确令我有些为你可怜。你这样地飘泊无依止，我们又不能马上结婚；虽然至多也只须再飘泊一年，但这滋味是并不好受的，我知道。又想到你的伶仃的身世，觉得有许多感慨。

那晚在女大睡得还好吧？哭了没有？别离的悲戚不是可以劝的，我不能说什么；只希望快快地平静下来，变为不时的思念，那就好得多了。

相片看过没有？盼望你就有信来！

我猜你现在在女师大。昨早回时，六妹觉得很奇怪吧？但这是不难解释的。

祝好！

清

（一九三一年七月）二十四日早

---

1 位于北平市中心，民国以前一直是皇家花园。民国年间曾一度对民众开放。后与中海合为中南海。

第 11 封

亲爱的宝妹妹：

你的信使我不知怎样才好，你这可恨的"小东西"！我为了你，这些日子老是不能安心念书。我生平没有尝过这种滋味；很害怕真会整个儿变成你的俘虏呢！

我真恨死了前两天的雨，使我们玩得不痛快！昨天早上冒雨和赵君[1]参观北平图书馆。看得很详细，觉得极有意思。后来上中国旅行社打听车票的事。因为早上喝粥太多（最爱喝赵家的粥），便到青云阁[2]吃萝卜丝饼。本想到周作人先生处去，因电车不通而罢，四点半车回来，倦乏之至。——但是并没有忘记想你！

本想星期五早进城，玩一天。今天听说星期五下午要开教授会选举院长。此会甚为重要，不能不到，所以我只得等到下午五点半车来，六点半可到女师大，请你们等我一下。

浴衣已收到，谢谢你。但我穿上一试，还长得多。将来你来清华时，想再烦你一回，真是对不起得很！

俞平伯要进城了，今下午陪他玩了半天牌。所以此刻才得写信。

浦先生有送我的诗很好，诗里还提到你，说我走是"更拂美人情"呢。

---

1 赵万里（1905—1980），版本学家、敦煌学家。1929年后在北京大学、清华大学、辅仁大学、中国大学等校任教。与朱自清往来密切。
2 位于前门大栅栏西街，是一座综合性商场。

好好地，安安静静地，别七上八下地想，我亲你，小东西！

你的弦

（一九三一年八月）八日晚

第12封

亲爱的宝宝：

昨天十点半回来，到校门口就有客。下午至晚上又陆续来客，倦息不堪！晚上通电话时，又值电机有病，听不清白，因此说话不免有粗鲁的地方，你总可原谅吧，我的宝！

这两天心里和身体一样乱得异常！你们租定南海的房子，很好。但家具、伙食、茶水等项不知如何办理。我还是不免担心。今晚想与平伯通电，若他肯借房子，很想约你来住些日子。但自然得你耐得住这里的寂寞；这件事明天再面商吧。

我明天五时半准到南海卍字廊[1]附近探访你。因为我太疲倦，不想到女师大扑一个空了。谅之！

你的清

（一九三一年八月）十五日

---

1 南海公园的卍字廊，是原皇家园林中的一处精美的回廊景观，今不存。

第13封

亲爱的隐妹：

　　早晨的别，你居然能够不流泪，真有些出我意外，但是很好。我知道你的心，在你微笑底下的你的心；你的心是苦的，我知道。你回去也许终于忍不住要流泪，但是我总希望你宽心些。

　　车上[1]最末的一瞥到你，我永久不会忘记。下午在车中睡着了，梦中模模糊糊地似乎总没有离开你。你现在在做些什么呢？愿你好好地和她们玩着！

　　车上甚凉爽。在天津换卧车，稍微出了些汗，但下午一睡，就舒服了，两个同伴[2]很好，我们谈了一早的女人，以后怕还要谈。

　　今早裤带没放好，将裤子襻弄断了一个，想着你临别的劝告，不敢着急，晚上想自己试缝上。

　　午饭在车上吃，有两样胜过来今雨轩[3]。现在车已过秦皇岛，这信想在山海关寄，李已在北戴河寄了一信。他少年人，真快当。

　　谢谢送行的黄太太、胡先生、杨小姐、六妹，和——最亲爱的你！

你的清

（一九三一年）八月二十二日

下午六时十五分

　　车行时写的，看时可以从字里看出车的动荡来吧！

---

1 朱自清当日动身赴英国访学。

2 徐士瑚和李健吾。

3 位于中山公园内坛墙东南角外，始建于1915年，经营西餐兼营茶座。是社会名流、文人雅士喜爱的聚会之所。

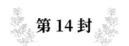

第14封

亲爱的隐妹：

你的第三号信收到了，我这些日子终日神经紧张，头老是昏昏的，肠胃又老不能复原，故兴致殊不好。上星期似乎没有写信给你，真是该死，请谅之！你住金家还方便否？极为挂念！在此老放不下心的就是你的栖止！请常常详告我你生活情形，为恳！

来信说二娃妹与张君渐有感情，此系好事：一者张君这番诚意总算渐有下落，二者二娃妹终身大事也可早日定下，使她自己和惦记她的人安慰！来信说生气，又说从此不给二娃写信，这真有些想不开了。但你的脾气不会这样坏，相信你渐渐会改变你的意见的！我想日内写封信给二娃妹，鼓励她向前走；希望这不至于使你觉得我和你别扭——也许此信到时，你已变了意见，那就更好了。

你到南京去的事如何？此事我现在还不能说定，因为我不能看见你生活情形，真是决定不下。溥先生[1]常见否？请为我致意！清华的事不知怎样？听到些关于我的话吗？大约没有吧！

在这里已快一月，一些成绩没有，没有写文写诗，英语也无进步，只是常听听戏！我听过一次大戏（Opera[2]），略如中国旧戏，全是唱，没有白。故事是十八世纪时一个爱情兼宗教的故事，当然

---

1 溥桐（1877—1950），戏曲教育家、戏曲活动家、京剧票友。是朱自清与陈竹隐相识的女方介绍人。

2 歌剧

浪漫的，又听过Galhworrhy[1]的《银匣》[2]，是为穷人鸣不平的，其意以为法律帮助富人。又听了一次小歌剧（滑稽的），有唱有白，可以随时编随时唱，动作轻快之至，略如中国丑角也。又看过一次电影，有跳舞，先一女子几乎全身皆裸，舞得甚好，身体之软，生平仅见。次成队跳舞，穿衣服亦甚少，略如电影中所见。总之，虽具艺术美，亦颇挑拨感觉。闻尚有一种大腿戏，女子以乳及私处做种种游戏，颇为猥亵，也想一看，但英国不容易找到此种。看此种不过以开眼界而已，你不说我们男人下流否？

　　在此每日睡觉总在八时以上，但还是累，大半是神经紧张关系；还有小半，那就不大明白了，你该明白吧？我的亲爱的东西！

你的清

（一九三一年）十月五日

你的伤风好了没有！千万自己保重！

---

1 正确拼法为Galsworthy，即高尔斯华绥（1867—1933），英国小说家、戏剧家。

2 高尔斯华绥创作的第一部剧本。

第15封

亲爱的隐妹：

你的长信我今天收到，高兴极了！不但因为这是你从来没写过的长信，并且这是一封每句都有趣味的信！信里说到各人的消息，也给远在异国的人不少安慰。你叙述都用轻快的调子，可见你写信那几天心情的愉悦；你的愉悦也就是我的，你信不信？

上回的信说给你寄风景片，但去邮局问，须当信寄；我想不如等几天和这封信一同寄吧？你不等得着急吧？新年我想送你一个日历（又是日历，你瞧），因为我有一晚在Regent Street（伦敦阔街）一家铺子里看见一个，觉得很好。这个你放心，决不至去年的那样笨大！但我如看到别的好而容易寄的东西，也许换一换；新鲜口味也是要紧的，信不信，我的乖！

应该写在上面：谢谢你给我祝生日！在此日子全不一样，也不知哪一天是我的生日，大概现在总已过了吧？两张红叶从万里外寄来，更可宝爱[1]；最初你送我的红叶，我已带在身边，现在放在一起玩味，特别有意思。那时，你还是"您"，现在你是"你这东西"了！——什么东西？是不是，你这东西！

你说我会遇见嫩野鸡，告诉你放心吧，野鸡如嫩，决不飞向黄脸人的身边的！老野鸡白脸的人嚼不烂，没人照顾，所以才委委屈屈走近黄人；哪知黄人牙齿也并不特别好，口味倒也不特别坏，所

---

1 珍爱

以老野鸡倒了霉了。你不知黄人在白人眼中是怎么一回事？瞧，你见过印度人吗？你怎么想？他们看见黄人，照你一样地想。若知是中国人，怕更要在心头啐上两声！这是我们在外国的苦处，你是幸而免的！你是不觉得的！这些时我简直不愿搭理一个生洋人，怕他们问起中国，我便没法应他。再说我现在忙功课，心里倒平静些，不像刚来那么颠颠倒倒的，你放心吧，信不信，乖！

祝你快快活活的，在白天与黑夜！有什么有趣的消息，你定还愿意说给我，因为我是

你的清

一九三一年十一月十八日

第16封

隐妹，亲爱的人：

这些日子接了你不少信，谢谢你（现在是收到第十五号了）！你的信是我最大的安慰，特别是在万里外的今日！更高兴的，你已经弄清楚我的地名了；从前老担心，怕你的信退回去或丢了，因为地名写得实在太奇怪了！幸而写上中国使馆转交；不然一定不会到的！

你问我梦中的女人，这还用说明她姓甚名谁，并且是四川成都人吗？傻子！还是装傻呢？在此来往只一两个从前学生（男人，百分之百）。中国女学生在此的，我告诉过你，都是太太；除上课外在家做太太所应做的。其他中国女人，现在知道还有，但也是太太。我在一家中国饭馆看见两个上海口音的太太，听她们说话，真如身在上海；但你得知道，我是讨厌上海以及海派女子的。不幸那两位便是这种人。她们大概是银行（中国银行有分行在此，小不可言）行员眷属，无怪其然[1]！

至于外国女人，她们看东方人是不在话下的。这层我也和你说过了，不过你写十五号信时，怕还没接到我那封信呢。

徐志摩君[2]惨死，令人侧恻[3]！他无论有怎样虚的地方，到底是

1 难怪会这样
2 徐志摩（1897—1931），诗人、散文家。新月派代表诗人。1931年11月19日因飞机失事罹难。
3 伤悲

我们新诗坛一把手。这样年轻，这样意外地丧命，他真是死不瞑目的。至于陆小曼[1]，自然可怜，但那又是另一回事了。他和陆的结合于他是并无所益的！这是他好朋友间的议论，我只转述罢了。我本想有机会乘一回飞机（在外国），这一来倒有些踌躇了。敝命虽无关得失，但自己也颇爱惜，所以大约决定不试了。——徐的惨死，浦江清先生说是像雪莱；那似乎是掉在海里死的，年纪也轻极了，英国十九世纪浪漫诗人。

我的相片给你欢喜，你的叙述也给我欢喜！你若有最近相片，便中寄一张来，最希望！

请求你一件事，能不能将每星期一《大公报·文学副刊》裁下随你的信寄来，若因此加邮费，却可不寄；我想也许不会过重吧！只是太麻烦你，有些对不起！你瞧着办吧！

你的清

（一九三一年）十二月九日

前次说的日历，后来费了两小时找到那铺子一看，原来是约会单而非日历。看来看去，看不到什么好的，只买了一个普通的。另送你一张贺片，觉得很喜欢这照相中的花，下面的字大意是——在我纯洁的花盘花苞中——希望。这不知什么花，我喜欢她的干净、停匀、饱满、秀美，正好送给你这样的人！又及。

---

1 陆小曼（1903—1965），画家、作家、翻译家。因与徐志摩的婚恋而进入公众视野。

第三章 朱自清致陈竹隐

第 17 封

亲爱的隐妹：

搬到这里现在是第四个星期开始了，白盼望了三个星期，你的信是渺无踪影！是病了吗？是别的缘故吗？真有些令人惶惑了。但愿你不是病就好！

这两天看报，中国情形很坏，上海已是岌岌不可终日[1]！别处也在危险之中，特别是南京！谁能说有什么局面出来呢？但是我不敢想！在这个动摇的大时代中，我们虽算是幸运的人，不应向人诉苦，但一想到将来，觉得无论人我，暂时总是一片黑！光明也许终于会来，但是我们也许看不见了。这不免有些感伤的调子，我知道这是自己的缺点，无法避免的。北平的情形，虽未看中国报，朋友来信说市面萧条得很，想来是很凄凉的，即使是白天。记得去年今日，情形总好得多；那时的我们常常见面玩儿，仿佛是太平景象。现在在这种情形下的你，倘若追念旧游，怕也不免有些不安逸吧。

我相信唯一的出路是革命，但我们不知怎么总是不中用似的。教书念书，在这年头究竟有多少用处？谁知道！我几个月后就回国了，你知道那时中国是什么样子。唉！还是不想的好！——但是，话说回来，知道这几个月内我们会不会和日本交战？万一交战，我们也许就得回国，也说不定。

去年临行时曾托你将我们订婚相片寄一张给我的妹妹，她最近

---

1 此处和下文的"上海的事"，均指上海"一二八"事变。

神仙爱情

来信说未收到这相片，她老是盼望着。你能否寄一张给她呢？地址南京门帘桥南京中学附小。

李梦琴先生来信，说盼望你上她们家去玩儿。

我这里因房东要搬家，我怕也要搬。是否跟房东走，还说不定，几时搬也还未定。你的信暂时仍寄此处吧。

你的清
一九三二年一月二十五日

第三章　朱自清致陈竹隐

第 18 封

亲爱的隐妹：

昨天接到你两封信，大为欣慰！一是你的病虽然不轻，又接着伤风，但写后一信时已全好了。这教远路的人放下一条心，谢谢你的信！二是到此后第一回读你的信，三个星期过去了，你知道，你该知道我的心是怎样寂寞呢？谢谢你的好意，不教二娃妹写信给我，但写信给我让我担心，现在想，也许比寂寞要有意思。自然我并不怪你，你的心我说我是懂得的。现在你新病之后，处处望你保养，千万想着远处的人，看重你自己，如你病中所想的！你没有说是什么传染病？到底是什么病呢？

你现在练滑冰，是一种很好的运动，于你身体精神都有益；接此信时，该已滑得很好了吧！你说陈其元君约你去济南，我没听你说起陈君，不知何人？也许是我忘了？二妹的事，我上星期的信中确没有敢清楚地说，我是赞成她和张结婚的。也许不用我主张吧，事实是向这方向走吧。

你说要用钱，我今天写信给浦先生，让他寄一百元给你。在他手里到今年暑假止，只有这数目，可以由我支配了，所以不能多寄。但你不够用时，再写信给我，我希望能写些文字，弄些稿费用用。家中来信都还平安，但我的四妹三四月间要结婚了，我也得帮助她些。大约要预支一些稿费，且到下月再说。周先生和她都没有钱，可是我却赞成她们结婚，因为订而不结，这个滋味是未见得深长的，我深知道！

贺年片忘记了吴二嫂，是因为想着她上哈尔滨未回；忘记金六妹、七妹，是想着她俩跟七哥四川去了。其实都不是"忘记"，请转告她们，我不会"忘记"她们的！

　　这两天上海的事使我们彷徨！国命不知到底还有多长！前面是一片黑暗，但未尝没一两点光明，这些是什么呢？天知道！你寄来《文副》，谢谢！

你的清

一九三二年一月三十日

第三章　朱自清致陈竹隐

第19封

隐妹：

昨晚回来，看看空房子，非常寂寞；想起两礼拜，真是长日子，不知怎样过去。

豆豉里要不要搁盐，请告我照办。

你的衣服放在小箱里给你送来。

医院的药票如在你处，请检交来人。

明天看完了，别忘了写信给我！明晚上我也许打电话给你。

你的清

（一九三三年一月）十五日

第 20 封

隐妹：

今晚等你吃饭，但你没有回来，想来大夫不教你回来。刚才打电话进城，说是金宅已上了门，叫不开；大约今晚风大的缘故吧，不然九点半不会上门的。今早读你的信并和你通电话后，将几日来烦躁的心情安静了许多；但刚才电话通不了，又教我乱起来了。今晚怕又做不了事，觉怕也睡不好，令人懊丧之至！

今日与叶石荪通电话，问他曾君的意思。他说曾君愿意与琼如先做个朋友，我也将琼如的意思告他，并将地址也写给他。这件事看来空气颇佳。

这两天真苦了我，什么事都不想做，只惦记着你！心里老是乱糟糟的。你有朋友陪着玩儿，大约还好；我今天来了客人，又开会。一忙了，倒觉得松活些。来的是蒋慰堂，本来在德国，这回从南京来，说了些有趣的故事；等你回来和你说，无非是海船上的花样。

送去的东西想收到了，不知大夫许你多早晚回来。我盼你真盼得有些傻了。

再说一句，今晚的闭门羹真害我不浅！本来想多写些，心思实在恶劣，只好就此带住，祝你安好！

你的清

（一九三三年一月）十六日灯下

明早想再通一电话，但须等到十一点，还不知通得了否？
怅怅！只好看运气吧！又及。

第四章
闻一多致高孝贞

我对你的相思着了火。

貞：李應到達裏就寫信給你，現在過了好幾天

鏡動筆，根本原因還是懶，請你原諒。原來希

望到南嶽來飲食可以好点，誰知道比長沙還不如。

還是一天喝不到一次真正的開茶。至於飯菜，真是出

生以來沒有嘗過的。飯裏滿是沙，肉是臭的，蔬菜

大半是奇ゝ怪ゝ的樹根草葉一類的東西。一桌八個人

共吃四個荷包蛋，而且不是每天都有的。記得在家

時你曾說我到長沙吃好的，誰知道比起我來，你們在家

裏的人是天天過年！不過還有一線希望。現在是包

飯，將來打算換個廚子，由我們自己瞎眼或者要好点。

今天和孫國華（清華同事，住北院）上街，共吃了廿個餃

柳竹友梅館

子，一盤炒雞蛋，一碗豆腐湯，總算開了葷。玉於住
的地方，是左衡山上的一所洋房子，但這房子是外國人
夏天避暑住的，冬天則從無人住過。前晚起風，我
通夜未睡着，有的房間，窗子吹掉了，陽臺上的棚
杆吹歪了。

湖南一年四季下雨（所以湖南出雨傘）而這
山上的雨尤多。我们到這裏快一個星期了，今天才看
見太陽。總之，我们這裏並不享福。我吃苦头不怕的，
只要你们在家裏都平妥，並且你常常寫信來，我就
快樂。據說這裏冬天很冷，皮袍非要不可。请你仍
然把當取出，早些做成和絲綿輕襖一併寄來。鹏兒小
妹身體怅復否了。念三。

第1封

亲爱的妻：

这时他们都出去了，我一人在屋里，静极了，静极了，我在想你，我亲爱的妻。我不晓得我是这样无用的人，你一去了，我就如同落了魂一样。我什么也不能做。前回我骂一个学生为恋爱问题读书不努力，今天才知道我自己也一样。这几天忧国忧家，然而心里最不快的，是你不在我身边。亲爱的，我不怕死，只要我俩死在一起。我的心肝，我亲爱的妹妹，你在哪里？从此我再不放你离开我一天，我的肉，我的心肝！你一哥在想你，想得要死！

亲爱的：午睡醒来，我又在想你。时局确乎要平静下来，我现在一心一意盼望你回来，我的心这时安静了好多。

十六日

妹，今天早晨起来拔了半天草，心里想到等你回来看着高兴。荷花也打了苞，大概也要等你回来开。一切都是为你！

十七日早[1]

---

1 此信写于7月。

第 2 封

贞：

　　我于当晚十一时半抵此。此间真正上课，恐还有两星期。居处极不方便，而茶水尤然。小小妹病好否，甚念。明日因当往清华新校址[1]，须起早，故今夜须早睡。此处详情，俟明晚归来再写信详谈。嘱鹤雕用心读书，小弟大妹放乖些。小小妹病情如何，如须再延医，务必再延。一切转托训佺[2]代劳照料，盖彼于情形较熟也。九月份薪金可发七成，前校方寄去一百五十元收到否？盼复。

多

廿三夜分[3]

---

1 抗日战争爆发后，清华大学与北京大学、南开大学在长沙合组临时大学，文学院设在南岳圣经学校。
2 闻一多的三侄儿闻立训。
3 此信10月写于长沙。

第3封

贞：

出门快一星期了，尚未接家信，这是什么道理？若不是小小妹病使我担心，有没有信倒无关系。明信片上我已经写好了住址，只要填上几句话就行了。何以忙到这样？鹤雕两人就忘记我了吗？到这里来，并不像你们想的那样享福。早上起来，一毛钱一顿的早饭，是几碗冷稀饭，午饭晚饭都是两毛一顿，名曰两菜一汤，实只水煮盐拌的冰冰冷的白菜萝卜之类，其中加几片肉就算一个荤。加上这样一日三餐是在大食堂里吃的，所以开饭时间一过了，就没有吃的。先来的人们自己组织了一个小厨房，吃得当然好点，但现在人数已满，我来迟了，加入不了。

至于茶水更不必提了。公共的地方预备了几瓶开水，一壶粗茶，渴了就兑一点灌一杯，但常常不是没有开水就是没有茶。自己未尝不想买一个茶壶和热水瓶，但买来了也没有用，因为并没有人给你送开水来。再过一星期（十一月三日）还到衡山上去，到那里情形或者好一点，因为那边人数少些，一切当然容易弄得有秩序点。但是也难说。我述了这种情形并非诉苦，因为来到这里，饭量并未减少，并且这样度着国难的日子于良心甚安。

听说南开大学校长张伯苓先生还自己洗手巾袜子，我也在照办。讲到袜子，那双旧的你为什么不给我补补再放进箱子里？我自己洗袜子是会的，补却不会。鉴、恕二人来否？历史系上衡山否，现尚未定。上衡山的一部分，恐怕要十一月半后才能上课。学校的钱寄到否？寄北平的款退回否？小小妹病究竟如何，我日夜挂念。鹤雕能写信，小弟大妹也能画图画写字，何不寄点来给我看看？

九月份薪金今日又领到九十七元四角五。

多

十月廿六日

第4封

贞：

鉴、恕二人已到，据他们所谈，及带来买药账单，知小小妹病不甚轻。现在不知如何？医药费不可过爱惜，当用时就用。千万千万！实在情形当随时写信告我，不可隐瞒。如有必要，我可回来一次。鹤儿的药，医生教吃多少就吃多少，也不要大意。好在这回发薪，比我们预算的多，你用钱不必过省，因为究竟身体要紧。小小妹未取名，可名叫"湘"，以纪念我这次离开，特别想念她。

多

十月廿七日

第 5 封

贞：

　　除由恕侄带一信来外，我到此从未接到一信，这未免太残忍了吗？湘女病状如何，我实在担心。不是为省钱起见，我定已回来了一趟。我现在哀求你速来一信。请你可怜我的心并非铁打的。这里今天已上课，但文学院同仁要后天才搬到南岳，一星期后才上课。听说山上很冷，皮袍请仍旧取出，上次信上忘记说。长沙住家并不很贵。我想开春你们还是到这里来吧。上次领到的薪水，后来才知道有五十元是十月份的。薪水本可以领到七成，合得实数二百八十元，但九、十两月扣救国公债四十元，所以只能得二百四十元。现在我手头有二十余元，银行存八十元。

　　来信寄湖南南岳市临时大学。

多

十一月一日

贞:

  本应到这里就写信给你，现在过了好几天才动笔，根本原因还是懒，请你原谅。原来希望到南岳来，饮食可以好点，谁知道比长沙还不如。还是一天喝不到一次真正的开茶。至于饭菜，真是出生以来没有尝过的。饭里满是沙，肉是臭的，蔬菜大半是奇奇怪怪的树根草叶一类的东西。一桌八个人共吃四个荷包蛋，而且不是每天都有的。

  记得在家时，你常说我到长沙吃好的，你不知道比起我来，你们在家里的人是天天过年！不过还有一线希望。现在是包饭，将来打算换个厨子，由我们自己管账，或者要好点。今天和孙国华（清华同事，住北院）上街，共吃了廿个饺子，一盘炒鸡蛋，一碗豆腐汤，总算开了荤。

  至于住的地方，是在衡山上的一所洋房子，但这房子是外国人夏天避暑住的，冬天则从无人住过。前晚起风，我通夜未睡着。有的房间，窗子吹掉了，阳台上的栏杆吹歪了。湖南一年四季下雨（所以湖南出雨伞），而这山上的雨尤多。我们到这里快一个星期了，今天才看见太阳。总之，我们这里并不享福。我吃苦是不怕的，只要你们在家里都平安，并且你常常写信来，我就快乐。据说这里冬天很冷，皮袍非要不可，请你仍然把当取出，早些做成，和丝棉短袄一并寄来。鹤儿小妹身体恢复否？念念。

多

十一月八日

第7封

贞：

两次信均已收到。十月份经费据说已来，但薪水尚未发下。一俟发下，定即寄归。我手中亦只有十余元。在长沙大陆银行存了五十元，不拟挪用，并且这里离长沙太远，也无法取出。细叔钱，如薪水不拖欠，每月定至少还二十元，请你转告他。如果能多还点，我也想早些还清。大司夫处所存箱内有何急需之物，如有，可汇款去，令他寄归。如无急用之物，可暂不寄。金城银行所存五十元，想未取出。最好不要动用，以备万一。

鹤湘二人病愈，我甚快乐，但雕功课不及格，则又令我忧愁。你务必时时劝诫他要用心些。你脚痛，想系过于劳苦。但多穿点衣服，想必有好处，因为热天未痛而冷天痛，必与受凉有关系。我年假当然要回来。我这里一切都好，饮食近也改良了。自公超来，天天也有热茶喝，因他有一个洋油炉子。名女耳痛好否？劝雕用心，朋名放乖些，鹤多晒太阳。

多

十一月十六日

我们后天（十八）开始上课。

第8封

贞：

丝棉袄已收到，但送来时，包袱上破一窟窿，衣服也破一块，不知是老鼠啮的，还是被什么东西戳破的。叫人打一补绽[1]，花了我五分钱。上星期寄来的十块钱，已收到。这里薪水还未领到。据说本月底金城银行要来设办事处。本来即令薪水领到，没有银行，还是无法兑现的。

你脚痛现在好了没有？孩子们都好否？你前次来信提到为大舅谋事，这事本来常常在我心上，到长沙后我也留心过，但现在尚无机会。为目前计，孝仁既已有事，又减轻一份担负，他们月费不够，你可以斟酌增加一点。只要清华薪水能继续发七成，就仍然给他们二十元，亦无不可。校中有一星期的寒假，将来我定再请假一星期，回来看你们。

多

二十七日[2]

刚把信封好，你廿一日的快信送到了。丝棉袄很暖，皮衣我想可以不要。万一太冷，穿大衣就行了。国民政府迁重庆，我就想到武昌不是很安全的地方，省寓或要迁回乡去。如果他们都搬，你当然也搬。不过目下我想还不要紧，回乡过年，或是一个办法。我胃

---

1 补丁
2 此信写于11月。

病有好久未发，这两天又差一点，恐系坐得太夜的缘故。鹤儿上次一信写得甚好，我给这里的朋友看，都夸奖。稿子是否有人改过。叫他多写信来。快信太贵，以后可用平信或平快。

又及

第四章　闻一多致高孝贞

第9封

贞：

汇来百元，想已收到。不知目下已动身回乡否？如船只方便总以早去为妙。顷又由金城汇来百元，交父亲支配。所欠细叔之款，暂时可勿还。在此时候，只求大家能生存，不必算私账也。汝此次所收到之百元，除开销外，尚余若干，望即告我。回乡后，日用应可减少，手中之钱，务当撙节[1]为要。因以后学校移桂林，汇款更费时日，且亦未必随时有款可汇也。

本拟寒假回家一行，现又往桂林移，将来能否按时回来，殊成问题。鹤儿来函云彼等如何念我，读之令我心酸，惟此次之信又较前进步，不但词能达意，且甚有曲折，又使我转悲为喜也。回乡后，务令鹤雕等严格做功课。雕儿玩心大，且脾气乖张，但决非废材，务当遇事劝导，不可怒骂。对朋儿名女，亦当如此。我不在家，教育儿女之责任便在你身上，千万不可大意也。我们往桂林去，实已到安全地带，汝辈更可放心。迁桂林日期现尚未定，届时当另有信来。清华职员张健夫回武昌，托他带回书箱一只，望带回乡下妥为保存，内有金文甲骨文书各一部，均甚贵重，又有一部分手稿，更无价值可言也。大舅家门牌号数，望速告我，以便汇款。

顺问，安好。

多
十二月十五日早

---

1 撙（zǔn）节，意为"节省；约束"。

第10封

贞：

前次告诉你们搬桂林的消息，使你和儿辈失望。今天再告诉你们一个搬近了的消息，你们应该高兴了。如果搬到长沙，再加上战事不太紧急，我拟先回家一看。同人们请假的颇多，所以我这时请一二星期的假，实际上也无大关系。这次所开两门功课，听讲的人数甚多，似乎是此间最大的班，我讲得也很起劲，可惜大局不定，学生不能真正安心听受耳。

再报告你一件大事。纸烟寻常一天吃两包，现在改为两天吃一包。现在做到这一步，已经很不容易了，将来或者能完全戒断，等将来再说罢。十八日与二十日两信均已收到，我并不生气。但我仍旧是那一句话"用钱要力求撙节"。我并非空说，我戒烟便是以身作则。即使你已经撙节了，我再说一句"应当撙节"，那也无妨。我说这话也没有别的用意。你脚痛好些没有？如果家中有人做棉鞋，可着手做一双，以免我在市上花钱买。此间尚不冷，我目前仍穿单鞋。

多

劝赵妈安心，此刻回北平是不可能的，在这年头先求保性命，次求不饿死，其他一切都顾不到，等仗打完，大家就出头了。

第 11 封

贞：

昨晚到此，始知同人已有数批出发了。我即须照相，以备护照之用。其他琐事甚多，幸而未在家中过年，不然将来不及矣。学生将由公路步行入滇，教职员均取道香港、海防去校中津贴六十余元，但有多人将此款捐助寒苦学生作津贴，此事系公超发起，我将来恐亦不得不捐出，如此则路费须自己担负矣。又同人乘二等车者居多，因二等可包专车（每车二十四人），三等人数过多，不能包用。我因结伴关系，或亦将乘二等，如此则用费又须超出。校中派有专人在香港、海防招待旅行事务，香港派公超，海防派陈福田，陈已启程，公超二月三日去。一月份薪水已发，日内即去领取。三哥想已到家，信纸信封忘记买，可再托三哥买，随后由人带回。家中一切，务照余所吩咐，自明年元旦起，务当记账。儿辈饮居寒暑，切勿大意。俟动身日期决定后，再有信来。

　　顺候，安好。

多

一月三十日

第 12 封

贞：

　　此次出门来，本不同平常，你们一切都时时在我挂念之中，因此盼望家信之切，自亦与平常不同。然而除三哥为立恕的事，来过两封信外，离家将近一月，未接家中一字。这是什么缘故？出门以前，曾经跟你说过许多话，你难道还没有了解我的苦衷吗？出这样的远门，谁情愿，尤其在这种时候？一个男人，在外边奔走，千辛万苦，不外是名与利。名也许是我个人的事，但名是我已经有了的，并且在家里反正有书可读，所以在家里并不妨害我得名。这回出来唯一目的，当然为的是利。讲到利，却不是我个人的事，而是为你我，和你我的儿女。何况所谓利，也并不是什么分外的利，只是求将来得一温饱，和儿女的教育费而已。这道理很简单，如果你还不了解我，那也太不近人情了！这里清华、北大、南开三个学校的教职员，不下数百人，谁不抛开妻子跟着学校跑？连以前打算离校，或已经离校了的，现在也回来一齐去了。

　　你或者怪了我没有就汉口的事[1]，但是我一生不愿做官，也实在不是做官的人，你不应勉强一个人做他不能做不愿做的事。我不知道这封信写给你，有用没有。如果你真是不能回心转意，我又有什么办法？儿女们又小，他们不懂，我有苦向谁诉去？那天动身的时候，他们都睡着了，我想如果不叫醒他们，说我走了，恐怕第二天

1　指未就教育部职一事。

他们起来，不看见我，心里失望，所以我把他们一个个叫醒，跟他说我走了，叫他再睡。但是叫到小弟，话没有说完，喉咙管硬了，说不出来，所以大妹我没有叫，实在是不能叫。本来还想嘱咐赵妈几句，索性也不说了。我到母亲那里去的时候，不记得说了些什么话，我难过极了。出了一生的门，现在更不是小孩子，然而一上轿子，我就哭了。母亲这大年纪，披着衣裳坐在床边，父亲和驷弟半夜三更送我出大门，那时你不知道是在睡觉呢还是生气。现在这样久了，自己没有一封信来，也没有叫鹤雕随便画几个字来。我也常想到，四十岁的人，何以这样心软。但是出门的人盼望家信，你能说是过分吗？到昆明须四十余日，那么这四十余日中是无法接到你的信的。如果你马上就发信到昆明，那样我一到昆明，就可以看到你的信。不然，你就当我已经死了，以后也永远不必写信来。

多

二月十五日

第 13 封

贞：

四月二十八日抵昆明，看到你和鹤雕两儿三月三日的信，你信上说以前还写过三封信来，但我没有接到。据说有的邮件已转到蒙自去了，你那三封信或者到蒙自可以看到。我们自从二月二十日从长沙出发，四月二十八日到昆明，总共在途中六十八天，除沿途休息及因天气阻滞外，实际步行了四十多天。全团师生及伙夫共三百余人，中途因病或职务关系退出团体，先行搭车到昆明者四十余人，我不在其中。教授五人中有二人中途退出，黄子坚因职务关系先到昆明，途中并时时坐车，袁希渊则因走不动，也坐了许多次的车，始终步行者只李继侗、曾昭抡和我三人而已。我们到了昆明后，自然人人惊讶并表示钦佩。杨今甫在长沙时曾对人说，"一多加入旅行团，应该带一具棺材走"，这次我到昆明，见到今甫，就对他说，"假使这次我真带了棺材，现在就可以送给你了"，于是彼此大笑一场。途中许多人因些小毛病常常找医生，吃药，我也一次没有。

现在我可以很高兴地告诉你，我的身体实在不坏，经过了这次锻炼以后，自然是更好了。现在是满面红光，能吃能睡，走起路来，举步如飞，更不必说了。途中苦虽苦，但并不像当初所想象的那样苦。第一，沿途东西便宜，每人每天四毛钱的伙食，能吃得很好。打地铺睡觉，走累了之后也一样睡着，臭虫、虼蚤[1]、虱实在不

---

1 跳蚤

少，但我不很怕。一天走六十里路不算什么事，若过了六十里，有时八九十里，有时甚至多到一百里，那就不免叫苦了，但是也居然走到了。

至于沿途所看到的风景之美丽、奇险，各种的花木鸟兽，各种样式的房屋器具，和各种装束的人，真是叫我从何说起！途中做日记的人甚多，我却一个字还没有写。十几年没画图画，这回却又打动了兴趣，画了五十几张写生画。打算将来做一篇序，叙述全程的印象，起印出来作一纪念。画集印出后，我一定先给你们寄回几本。还有一件东西，不久你就会见到，那就是我旅行时的相片。你将来不要笑，因为我已经长了一副极漂亮的胡须。这次临大搬到昆明，搬出好几个胡子，但大家都说只我与冯芝生的最美。

文法两院五月三日开始上课，理工两院或许在两星期后，因为房屋尚未修理好。我在昆明顶多还有三天耽搁。从这里到蒙自，快车一日可到，但不能带行李。我因有行李，须坐慢车，在途中一个地方名壁虱寨住一夜，次日始能达到。所以五日后可以再有信回。

旅行团到的第二天，正碰着清华二十七周年纪念，到会者将近千人，令人忧喜交集。据梅校长报告，清华经费本能十足领到，只因北大、南开只能领到六成，所以我们也不能不按六成开支（薪金按七成发给）。我们在路上两个多月，到这里本应领得二、三、四三个月薪金，共八百余元。但目下全校都只领到二月一个月的薪金。听说三、四两月不成问题，迟早是要补足的。

你这封信里未详说家中种种情形，不知是否在那三封信已经说过。我最挂念的是鹤雕二人读书的情形，来信务须详细说明。两儿写信都有进步，我很喜欢。鹤喜作诗，将来能像他父亲，这更叫做父亲的说不出的快乐。小弟大妹读书如何？小小妹没有病痛吗？

神仙爱情

雕的耳朵好了否？这些我最关心的事，为何信上都不提？你自己的身体当然我也时时在念。路上做梦总是和你吵嘴，不知道这梦要做到何年何月为止！

昆明很像北京，令人起无限感慨。熊迪之去年到这里做云南大学校长，你是知道的。昨天碰见熊太太，她特别问起你许多清华园里的人，见我便问大妹。鹤雕两人应记得毛应斗先生，他这回是同我们步行来的。这人极好，我也极喜欢他。

今天报载我们又打了胜仗，收复了郯城[1]。武汉击落敌机廿一架，尤令人奋兴。这样下去，我们回北平的日子或许真不远了。告诉赵妈不要着急，一切都耐烦些。她若写信给大司夫，叫她提一笔说我问过他。

你目下经济情形如何？每月平均要开支多少，手中还剩多少？日子固然不会过得太好，但也不必太苦。我只要你们知道苦楚，但目下尚不必过于刻苦，以致影响到小儿们身体的发育。大舅在何处，他家情况如何，盼告我。

以后来信寄"云南蒙自国立西南联合大学"。

多
四月卅日在昆明

---

1 山东省临沂市郯城县

第 14 封

贞：

在昆明所发航空信想已收到。我们五月三日启程来蒙自，当日在开远住宿（前信说在壁虱寨，错误），次日至壁虱寨（地图或称碧色寨）换车，行半小时，即抵蒙自。到此，果有你们的信四封之多，三千余里之辛苦，得此犒赏，于愿足矣！你说以后每星期写一信来，更使我喜出望外。希望你不失信。如果你每星期真有一封信来，我发誓也每星期回你一封。

在先总以为蒙自地方甚大，到此大失所望。数十年前，蒙自本是云南省内第一个繁荣的城市。但当法国人修滇越铁路的时候，愚蠢的蒙自人不知为何誓死反对他通过。于是铁路绕道由壁虱寨经过，于是蒙自的商务都被开远与昆明占去，而自己渐渐变为一个死城了。到如今，这里没有一家饭馆，没有澡堂，文具店里没有浆糊与拍纸簿，广货店里没有帐子。这都是我到此后急于需要的东西，而发现它都没有。

然而有些现象又非常奇怪。这里有的是大洋楼，例如法国海关、法国医院、歌胪士洋行等等，都是关着门没有人住的高楼大厦，现在都以每年三两元的租金租给联合大学作校舍了。自从蒙自觉悟当初反对铁路通过之失策，于是中国自己筑了一条轻便铁道，从壁虱寨经过蒙自与个旧，以至石屏，名曰壁个石铁路（我们从壁虱寨换车来到蒙自便是这条铁路），但是蒙自觉悟太晚了，它的繁荣仍旧无法挽回。直到今天，三百多学生，几十个教职员，因国难关系，逃到这里来讲学，总算给蒙自一阵意外的热闹，可惜这局面是暂时的，而且对于蒙自的补益也有限。总之，地方很小，生活很简单。因为有些东西本地人用不着，我们却不能不用的，这些东西都是外来的，价钱特别贵，所以我们初到此需要一笔颇大的"开办费"。但这些东西办够了，以后恐怕就有钱无处用了，归根地讲，我们住蒙自还是比住昆明省。

前天经过开远的时候，遇见殷先生全家新从海道来，往昆明去。殷太太当然问起你，殷益□荞□[1]和他们大妹望着我笑，虽然没有说话，但我明白他们心里是在说"闻立鹤、闻立雕呢"？余肇池先生现在就住在我隔壁，余太太和他们全家住在昆明，大概不搬到蒙自来，反正蒙自到昆明，快车只一天路程。张荫麟在昆明，他太太住在香港，暂时不来。汪一彪在昆明，太太快来了。此外一时想不起，就住在我隔壁房间的讲，陈寅恪、浦薛凤、沈乃正家眷都未来。但也有租好房子，打算接家眷的，如朱佩弦、王化成等是也。问你安好。

多

五月五日

---

1 因为原信蛀蚀比较严重，有一些字无法分辨。

第四章　闻一多致高孝贞

第15封

贞:

这几天战事消息不好，武汉不免受影响。乡里情形如何，颇令人担心，万一有移动的必要，你们母子一窠实是家中之大累，想至此，只悔当初未能下决心带你们出来。日来正为此事踌躇，同事们也都劝我接你们来，所苦者只有两事不易解决。一，我自己不能分身，而家中又无人送你们；二，你们全来，盘费太大。

今天接到文鉴来信，其意甚愿来滇复学，万一决定来，你们可以同他一路走，我只须到香港或海防来接你们，既可省点路费，又不多费时间，岂不甚好。至于你们的路费，我计算起来，少则五百元，多则六百，数目实在可观。然而为求安全起见，又有什么办法呢。并且鹤、雕在家不能入学校，长此下去，也不是办法。在家固可学点中文，然而算术究竟是最要紧的。他们多耽搁一年光阴，就给我们多加一年的担负，从远处着想，这事实在非同小可。

战事非短时可以结束，学校在昆明已有较长久的打算，筹好了三十万建新校舍，内中并有教员住宅。本来俟校舍完成后（约一年半），我是想接你们来的，现在乘文鉴来滇之便，你们若能早来，实在最好，因为路费早晚是要花的，而鹤、雕的学业又可以少耽误。好在我手头还有四百五十元存款，再从朋友处通挪一点，可以凑足这笔路费。同时四月份薪金不久总可以发下，可作到后生活费之用。学校经费情形并不算坏，已详前函。

你们来后，我与你们吃点苦，断炊是不至于的。现在同事们的家眷南来者日多一日（最近新到一批，有朱佩弦、孙晓梦、王化成、冯芝生、袁希渊诸太太），学校决不能让这些人饿死在这里。再者昆明地方生活程度不高，蒙自尤可简省。气候之佳，自不待言。此间雇人不甚容易，所以赵妈同来顶好，许多太太想由北方带佣人来而不可得，赵妈能来，倒是我们的幸事。我想你们不必犹疑，只要得到文鉴同意，就可马上准备。

办护照是一件麻烦事，应早上省照相[1]。请护照事，可请十哥在外交部托一熟人，或可稍快点。路费我立刻用航空信汇至武昌，款到即可买车票南下，恐时局变化，路又不通也。为节省计，我想我就到海防来接，我住天然旅店，你们到后可来电告我，其余途中应注意诸事列下：

1. 由汉口至广州，带食品，出发前打电至蒙自，如遇飞机起飞日期不远，寄航空信亦可。坐三等，如天气太热，可买一、二张二等。

2. 到广州住白宫酒家，系陈梦家亲戚所开，有介绍信，住一夜。

3. 乘广九车至九龙，如新新旅馆（在九龙）或六国饭店（在香港）有接客者，即住新新或六国（内中新新尤好），如无接客者，可暂住有接客之旅馆，同时往新新或六国觅就房间（新新若无房间，客厅亦可住）再行搬往。（九龙与香港对江，有轮渡）（住九龙较便宜）

4. 到香港中国旅行社买票，行李交社运送上船。太古船较多，船亦较大，但须行五日始到海防。法国邮船每十日一班，船小，

---

1 早点到省里拍照片。

然二日可达。晕船事不免，故法国船先到即乘法国船，如须等候太久，即坐太古船。因如此可省却旅馆费用也。

上船前，电海防天然旅店，告我坐何船、何日动身、计几日可到。船可坐三等，大舱太苦，于小孩不宜。

5.不急需之衣服，尽量打包寄蒙自，以免途中累赘。

6.北平寄到之书，仍交邮局寄来。

7.粤汉车最好赶孝义[1]走班时来。

顷忽想起去岁毕业学生张秉新君现在香港华侨中学教书，我现已写就一信，你们到广州后，可另附一信（说明何时到九龙）用最迅速方法寄去，请他来接。如他能来最好，如未来，则仍照上列第三项办。张君如未来接，你们到香港后，仍可请文鉴前往一访，关于买票上船等事，彼必能帮忙。（万一时局不太紧张，稍迟俟秋凉再动身，于孩子们身体较宜，可斟酌行之）

以上尽能想到的都已写过了，不能说不周密了，途中自然相当麻烦，但若拿出我步行三千里路的精神来，也就不算一回事了。决定后，盼速来一信，因为我这边也有许多事要准备。

来信云手中尚有百元，我现在再寄三百元来，一共约四百元，到海防足够了。万一不够，可暂向文鉴通挪，由海防至蒙自用费，我亲身带至海防。

多

五月二十六日

---

1 高孝义，闻一多内弟，时在粤汉线列车任职。

第 16 封

贞：

这回是我错了，没有带你们出来。我只有惭愧，太对不住你们。接到二哥的电及三哥的信，知道松滋不能去，粤汉路又决不能走。现在拟几条办法，你可以看势行事。

（一）训侄就学广州，大概不能成事实，因那边的人听说也差不多逃空了。你可商量训侄，愿否由湘滇公路送你们来，我自己到贵阳来接。训到此后是否有资格在联大借读，如资格不成问题，其余一切我负责，至少在这里避乱带补习功课，亦殊不恶，不知五哥能否放他来，他自己愿不愿意。

（二）大舅家里当然丢不下，好在他们不张风声，可否请他送到贵阳打转，我到贵阳接，这样耽搁他半个月或多则二十天，不知他愿否。

此上是急走的办法，如情势不甚紧急，则：

（三）候一二星期，如果驷弟事成功，你们就随他来，这样，为节省计我只到昆明接。好在贵阳有同班老友聂君安陶可以照顾一切。

关于驷弟事，马上无法决定（详另函），并且不能不作万一的打算。设若他的事不成，恐把目前机会错过，将来更不好走，所以我甚希望第（一）（二）两项之中能够实现其一。万一三项都不能实现，那就这样：

（一）家中有人住，你们也暂住在家中。

（二）家中无人，你们搬到路口暂住。

无论如何，暑假中我定亲自回来接你们，什么危险也管不着。这边也有朋友们的家眷还在战区内的，如安徽、江苏、山东、河南都有，依然能汇款，能通信，也并无生命危险。所以万一你们暂时走不动，也不要害怕，我一生未做亏心事，并且说起来还算得一个厚道人，天会保佑你们！

三哥信上说湘滇公路连护送人路费需五百元，现在我再汇三百元来，给你们凑成六百元。这钱你们能来就作路费，不能来就留下过日子。

如果决定早来，便当即速上省，勿再迟延，衣服多多打邮包寄来，包不要太大。

多

六月十三日夜

神仙爱情

第 17 封

贞：

　　上星期未得你的信，等到今天已经星期三了，还不见信来，不知是什么道理。究竟如何决定，来或不来，我好准备房子。陈梦家住的房很宽绰，他愿分一半给我，但有一条件，他的嫂嫂现住香港，也有来意，如果来，就得让给他嫂嫂住了。所以万一他嫂嫂要来，我就得另找房子，这不是一件容易事，我须在来接你以前，把房子定好，一切都安排好，事情很多，我如何忙得过来，所以你非早点让我知道不可。

　　目下因黄河决口关系，武汉形势应稍松点，但鄂东想必仍然紧张。你若未到省，当早些来，若已到，倒不妨在省上住些时，如果等天气稍凉来，也免路上吃苦。游先生信想尚未到，究竟决定谁送，想也不甚容易。今天公超来要家驷的履历，我已开去，他的事仍然大有希望。如果时局能容许你们等到与他同来，岂不更好，或者你们就索性等一等，反正我来接，也顶好等功课完毕或快完毕的时候。苦的是你自己没有主张，而我又隔这样远，通讯即用航空也要不少的日子，总之我的意思是愿意你们来，但不希望你们即刻就来，一则因为另请人送花盘费，二则天气热恐路上生病，三则等到暑假我来接，免得耽误功课。

　　我的意见如此，你可与家中斟酌时局情形加以决定。但信总是要多多写来，免我挂念。前后共汇回六百元，想已收到，如果是同驷弟来，他的盘费不够，就给他一百元，他钱若够了，就将这一百元给父亲，我本来是想汇点钱给父亲的。母亲说到沙洋，已经去否，其余家中的行动，也盼告诉我。我替换的裤褂快破了，如有功夫，就做两套，否则带材料来，这边布匹太贵。你们自己的衣服也照上面的办法。如果来得迟，我候再领得一月薪水，再寄点钱回来，盼速来信。

多

六月廿二日

第 18 封

贞：

　　盼了两星期多，到今天才接到大舅一信，并只寥寥数语，殊令我失望。你答应我每星期有一封信来。虽说忙于动身，也不应连写信的工夫都没有。在你没来到以前，信还是要写的。天气热，怕你生病或孩子病了，不得你的信，我如何不着急呢？好了，到咸宁张府[1]暂住，是一妙法。但报载武汉情形渐趋和缓，也许你们还是在省寓住些时较方便些。

　　今日校中得到确实消息，军事当局令联大文法学院让出校舍，因柳州航空学校需用此地，这来我们又要搬家。搬到什么地方，现尚未定，大概在昆明附近。昆明城内决无地方，昆明南二十里有地方名宜良，当局去看过了，似乎房屋不够。不知还有什么地方可去，总之蒙自是非离开不可的。在先我以为你们若来得早，蒙自还有地方可住，现在则非住昆明不可了。但昆明找房甚难，并且非我自己去不可。

　　现在学校已决定七月二十三日结束功课。我候功课结束，立即到昆明，至少一星期才能把房子找定。所以你们非等七月底来不可。只要武汉可住，不妨暂住些时，从容准备来的手续。武汉不能住，则往咸宁亦可。与驷弟同来，自不成问题。但大舅恐怕还要送到长沙打转，因事多，恐驷弟忙不过来。

---

1 高孝贞之嫂的娘家。

后寄三百元收到否？前后共寄六百元，除前函嘱你给一百元与驷弟或父亲之外，其余五百元想在动身前还要用去一些。但事先总应有一预算，请把这预算告诉我。能节省的就节省。昆明房租甚贵，置家具又要一笔大款。我手上现无存款，故颇着急。自然我日夜在盼望你来，我也愿你们来，与你一同吃苦，但手中若略有积蓄，能不吃苦岂不更好？快一个月了，没有吃茶，只吃白开水，今天到梦家那里去，承他把吃得不要的茶叶送给我，回来在饭后泡了一碗，总算开了荤。本来应该戒烟，但因烟不如茶好戒，所以先从茶戒起。

你将来来了，如果要我戒烟，我想，为你的缘故，烟也未尝不能戒。前些时，为你们着急，过的不是日子，两个星期没有你的信，心里不免疑神疑鬼，今天大舅信来，稍稍放心了。但未看见你的笔迹，还是不痛快，你明白吗？鹤、雕为何也不写信来？此问安好。

多

六月廿七日

由三哥寄来的书已到十二包，似乎还有，不知是否同时寄出，想不致遗失吧。勋侄由嘉定来函，报告情形甚详，此儿渐渐懂事，文笔亦甚佳，殊令人欣慰。

第 19 封

贞：

今日接到你到省后的信，得悉一切，听说昆明飞机场有水，许久没有飞机到，所以你这次的信走了十天。你说钱怕不够，做衣服等等还要用钱，我也想到，现在寄钱回来，恐怕来不及，我想好一法，将钱寄到贵阳聂家去，你到贵阳，上他那里拿，我手中钱不多，先寄五十元想来也够了。路上要谨慎，东西尤不可乱吃。今天发一电催细叔快来，想已收到。公超假中要回北平看家，驷弟须在公超动身以前来才好。报载武汉稳固，甚喜，家中想皆安好。

多

七月八日

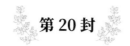

第20封

贞：

武汉轰炸两次，心里着急，不知你们离开武汉否，接到你们初到长沙的电报才放心。后来见报长沙也被轰炸，又急了好几天，直到前天二次电报来了，才知道全体动身，更是感天谢地。现在只希望路上不致多耽搁，孩子们不生病。这些时一想到你们，就心惊肉跳，现在总算离开了危险地带，我心里稍安一点。但一想到你们在路上受苦，我就心痛。

想来想去，真对不住你，向来没有同你出过远门，这回又给我逃脱了，如何叫你不恨我？过去的事，无法挽救，从今以后，我一定要专心侍奉你，做你的奴仆。只要你不气我，我什么事都愿替你做，好不好？昆明的房子又贵又难找，我来了不满一星期，幸亏陈梦家帮忙，把房子找好了，现在只要慢慢布置，包你来了满意，房东答应借家具，所以钱也不会花得很多。照规矩算起来，今天可以到贵阳。如果在贵阳多休息几天，这信你便可以收到。

现在告诉你一件要紧的事，前几天同事新从这条路来的说，天热易得疟疾，须先吃金鸡纳霜预防，每次吃三颗，隔一天吃一次，小儿减半。我前次在路上吃过十几颗，确乎有效。路上情形，若来得及，请来一封信告诉我。我因房子内部未布置好，不能来贵阳很对不起你，求你原谅。但我实在想早早和你见面。由聂先生转的款国币百元，想已拿到。以后来电信寄"昆明联合大学"就行了。祝你路上平安。

多

廿八日早

房子七间，在楼上，连电灯，月租六十元，押租二百元，房东借家具。这条件在昆明不算贵，押租已交，房租候搬入时再交，厨房在楼下。

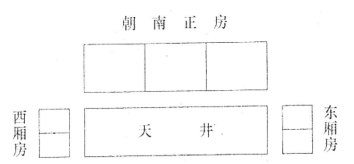

地点买菜最方便，但离学校稍远，好在我是能走路的，附近有小学。

房东是中医，开着很大的药铺，其亲戚徐君当教员，我认识，是游先生的好友。

第五章
庐隐致李唯建

你想我是怎样的需要你呢？

第1封

信收到了，诗尚未寄来，想因挂号耽误之故吧。

承你鼓舞我向无结果人生路上强为欢笑，自然是值得感激的；不过，异云，神经过敏的我，觉得你的不说悲观是不自然的……什么是奋斗？什么是努力？反正一句话，无论谁在没有自杀或自然的死去之先，总是在奋斗在努力，不然便一天也支持不过去的。

异云，我告诉你，我并不畏缩，我虽屡经坎坷，汹浪，恶涛，几次没顶，然而我还是我，现在依然生活着；至于说我总拿一声叹息、一颗眼泪去罩笼宇宙，去解释一切，那只怪我生成戴了这副不幸的灰色的眼镜，在我眼睛里不能把宇宙的一切变得更美丽些，这也是无办法的事。至于说悲观有何用——根本上我就没有希望它有用——不过情激于中；自然的流露于外，不论是"阳春白雪"或"下里巴歌"，总而言之，心声而已。

我一生别的不敢骄人，只有任情¹是比一切人高明。我不能勉强敷衍任何人，我甚至于不愿见和我不洽合的人，我是这样的，只有我，没有别人；换言之，我的个性是特别顽强，所以我是不容易感化的，而且我觉得也不必勉强感化。世界原来是种种色色的，况悲切的哀调是更美丽的诗篇，又何必一定都要如欢喜佛大开笑口呢？异云，我愿你不要失去你自己——不过，如果你从心坎里觉得世界是值得歌颂的，那自然是对的；否则不必戴假面具——那太苦而且

---

1 尽情；任意

无聊！

　　我们初次相见，即互示以心灵，所以我不高兴打诳语，直抒所欲言，你当能谅我，是不是？

　　再说吧，祝你快乐！

冷鸥

第五章　庐隐致李唯建

第 2 封

异云：

你的信我收到了，没有什么可说。天底下的春蚕没有不作茧的，也正犹之乎[1]飞蛾扑火，明知是惹火烧身，但是命运如此——正如你所说，除了冷静去承受，实在也没有更高明的办法。

不过，异云，你要知道人类是不可思议的神秘的怪物，所以自苦[2]的情形虽等于春蚕等于飞蛾，然而蚕茧的收获可以织出光彩的绸缎，飞蛾投入于火焰中虽是痛苦，同时可以加火的燃烧力；因之，人类虽愚，自甘沉没的结果，便得到最高的快乐和智慧了。异云，你为什么病？你是否为了搜寻智慧而病呢？我愿意知道。

这些天连着喝酒，我愿迷醉，但是朋友们太小心，唯恐我醉，常常不许我尽量；因此，我只能半醉，我只能模糊地记忆痛苦的已往——但是我不能整个忘了宇宙啊，异云，这是多么苦痛的事情呢？我希望有一天我能够醉得十分深——最好永不醒来，唉，异云，我是怪人，我不了解快乐，我只能领会悲哀。

自从认识你以后，我的心似乎有了一点东西——也许是一把锁匙[3]，也许是一阵风，我的心不安定呢。

我觉得有一个美丽的幻影在我面前诱惑，我发誓纵使这幻影终究是空虚而苦痛的，但是我为了他醉人的星眸，我要追逐他——以

---

1 犹如；如同
2 自己受苦；自寻苦恼
3 钥匙

至于这幻影消灭了，——我也毁灭的时候！啊！异云，我不愿更饶舌了，我只有沉默——除了沉默是没有方法可以包涵我心中无限的意思！

疯话一篇也许你懂，——当然我是希望你懂；不过，不懂也好，至少没有钥匙，没有了风，我的心门将永久闭塞，我的生命也永不起波浪。好了，星期日见吧。

冷鸥

第五章　庐隐致李唯建

第3封

云：

　　今晚电话里你说曾寄信给我，当时我很急地跑回家，而信还没有送到，不知你什么时候寄的。电话又坏了，听不清楚，真使人不高兴。云，你知道我的心是怎样不安定呢。

　　云，我常常虔诚祈祷我不希冀人间的富贵虚荣，我只愿我俩中间永远不要有一些隔膜，即使薄于蝉翼的薄膜也不能使它存在，你能允许我吗？

　　我来到世界上所经的坎坷太多了，并且愈向前走，同路的人愈少，最后我是孤单的；所以我常常拼命蹂躏自己。自从认识你以后，你是那样地同情我，慰藉我，使我绝处逢生，你想我将如何惊喜！我极想抓住你——最初我虽然不敢相信我能，但是现在我觉得我非抓住你不可；因为你，我可以增加生命的勇气与意义；因为你，我可以为世界所摒弃而不感到凄惶；因为你，我可以忍受人们的冷眼。在这个世界；只要有一个知己，便一切都可无畏，便永远不再感到孤单。云，你想我是怎样地需要你呢？

　　你今天回学校以后心情怎样？望你能安心写诗，能高兴生活。我今天也写了一些稿子，不过天气太热，下午不好过，曾经发过痧，但不久就好了。你的身体怎样呢？云，我时常念着你啊！

　　再谈吧，祝你高兴！

冷鸥

第4封

亲爱的：

　　我渴，我要喝翡翠叶上的露珠；我空虚，我要拥抱温软的玉躯。我眼睛发暗，我要看明媚的心光；我耳朵发聋，我要听神秘的幽弦；啊？我需要一切，一切都对我冷淡，可怜我，这几天的心彷徨于忧伤。

　　我悄对着缄默阴沉的天空虔诚祷祝，我说："万能的主上，在这个世界里我虽然被万物摒弃，然而荼毒我的不应当是你——我愿将我的生命宝藏贡献在你的丹墀[1]，我将终身作你的奴隶，只求你不要打破我幻影的倩丽！"

　　但是万能的主上帝说："可怜的灵魂啊，你错了，幸福与坎坷都在你自己。"

　　啊亲爱的，我自从得到神明的诏示后，我不再做无益的悲伤了。现在我要支配我的生命，我要装饰我的生命，我更要创造我的生命。亲爱的，我们是互为生命光明的宝灯，从今后我将努力注你在我空虚的心宫——不错，我们只是"一"，谁能够将我们分离？只是惯作恶剧的撒旦，他用种种的法则来隔开我们，他用种种阴霾来遮掩我们，故意使我们猜疑，然而这又何济于事？法则有破碎的时候，阴霾有消散的一天，最后我们还是复归于"一"。亲爱的，现在我真的心安意定，我们应当感谢神明，它是给了我们绝大的

---

1 宫殿前的红色台阶及台阶上的空地

恩惠。

我们的生命既已溶化为"一"，哪里还有什么伤痕？即使自己抓破了自己的手，那也是无怨无忌，轻轻地用唇——温气的唇，来拭净血痕，创伤更变为神秘。亲爱的，放心吧，你的心情我很清楚，因为我们的心弦正激荡着一样的音浪。愿你千万不要为一些小事介意！

这几天日子过得特别慢，星期天太不容易到了。亲爱的，你看我是怎样的需要你啊。你这几天心情如何？我祝福你快乐！

鸥

第5封

你瞧！这叫人怎么能忍受？灵魂生着病，环境又是如是地狼狈，风雨从纱窗里一阵一阵打进来，屋顶上也滴着水；我蜷伏着，颤抖着，恰像一只羽毛尽湿的小鸟，我不能飞，只有失神地等待——等待着那不可知的运命之神。

我正像一个落水的难人，四面汹涌的海浪将我紧紧包围，我的眼发花，我的耳发聋，我的心发跳，正在这种危急的时候，海面上忽然飘来一张菩提叶，那上面坐着的正是你，轻轻地悄悄地来到我的面前，温柔地说道："可怜的灵魂，来吧！我载你到另一个世界。"我惊喜地抬起头来，然而当我认清楚是你时，我怕，我发颤，我不敢就爬上去。我知道我两肩所负荷的苦难太重了，你如何载得起？倘若不幸，连你也带累得沦陷于这无边的苦海，我又何忍？而且我很明白运命之神对于我是多么严重，它岂肯轻易地让我逃遁；因此我只有低头让一个一个白银似的浪花从我身上踏过。唉，我的爱，——你真是何必！世界并不少我这样狼狈的歌者，世界并不稀罕我这残废的战士，你为什么一定要把我救起，而且你还紧紧地将我搂在怀里，使我听见奇妙的弦歌，使我开始对生命注意！

啊，多谢你，安慰我以美丽的笑靥，爱抚我以柔媚的心光；但是我求你不要再对我遮饰，你正在喘息，你正在扎挣，——而你还是那样从容地唱着摇篮曲，叫我安睡；可怜！我哪能不感激你，我哪能不因感激你而怨恨我自己？唉，我为什么这样渺小？这样自私？这样卑鄙？挚爱的桂冠把你套住，使你吃尽苦头？——明明是砒霜而加以多量的糖，使你尝到一阵苦一阵甜，最后你将受不了荼毒而至于沦亡。

唉，亲爱的，你正在为我柔歌时，我已忍心悄悄地逃了，从你温柔的怀里逃了，甘心为冷硬的狂浪所淹没。我昏昏沉沉在万流里飘泊，我的心发出忏悔的痛哭，然而同时我听见你招魂的哀歌。

爱人，世界上正缺乏真情的歌唱。人与人之间隔着万重的铜山，因之我虔诚地祈求你尽你的能力去唱，唱出最美丽最温柔的歌调，给人群一些新奇的同感。

我的苦海波心不知飘泊几何岁月，后来我飘到一个孤岛上，那里堆满了贝壳和沙砾，我听着我的生命在沙底呻吟，我看着撒旦站在黑云上狞笑；啊，我为我的末路悲悼，我不由地跪下向神明祈祷，我说："主啊！告诉我，谁藏着玫瑰的香露？谁采撷了智慧之果？一切一切，我所需要的，你都告诉我！你知道我为追求这些受尽人间的坎坷！现在我将要回到你的神座下，你可怜我，快些告诉我吧！"

我低着头，闭着眼，虔诚地等候回答，谁想到你又是那样轻轻地悄悄地来了？你热烈地抱住我说："不要怕，我的爱！我为追求你，曾跋涉过海底的宫阙；我为追求你，曾跑遍山岳；谁知那里一切都是陌生？一切都是飘渺？哪有你美丽的倩影？哪有你熟悉的声音？于是我夜夜唱着招魂的哀歌，希冀你的回应；最后我来到这孤岛边，我才找到了你！啊，我的爱，从此我再不能与你分离！"

啊天！——这时我的口发渴，我的肚子饥饿，我的两臂空虚，——当你将我引到浅草平铺的海滨——我没有固执，我没有避忌，我忘记命运的残酷；我喝你唇上的露珠，我吃你智慧之果，我拥抱你温软的玉躯；那时你教给我以世界的美丽，你指点我以生命的奥义，唉，我还有什么不满足，然而，吾爱，你不要惊奇，我要死——死在你充满灵光漾溢情爱的怀里，如此，我才可以伟大，如此我才能不朽！

我的救主，我的爱，你赐予我的如是深厚，而你反谦和地说我给你的太多太多！然而我相信这绝不是虚伪，绝不是世人所惯用的技巧，这是伟大的爱所发扬出来的彩霓——美丽而谐和，这是人类世界所稀有的奇迹！

今后人世莫非将有更美丽的歌唱，将有更神秘的微笑吗？我爱，这都是你的力量啊！

此前撒旦的狞笑时常在我心中徜徉，我的灵魂永远是非常狼狈——有时我似跳出尘寰，世界上的法则都从我手里撕碎，我游心于苍冥，我与神祇[1]接近；然而有时我又陷在运命的网里，不能挣扎，不能反抗，这种不安定的心情像忽聚忽散的云影。吾爱，这样多变幻的灵魂，多么苦恼，我需要一种神怪的力将我维系，然而这事真是不容易。我曾多方面地试验过：我皈依过宗教，我服膺[2]过名利，我膜拜过爱情；而这一切都太拘执太浅薄了，不能和我多变的心神感应，不能满足我饥渴的灵魂，使我常感到不谐调，使我常感到孤寂，但是自碰见你，我的世界变了颜色——我了解不朽，我清楚神秘。

亲爱的，让我们是风和云的结合吧。我们永远互相感应，互相融洽，那么，就让世人把我们摒弃，我们也绝对地充实，绝对地

---

1 天神和地神，泛指神明。

2 记在心中

无憾。

亲爱的，你知道我是怎样怪癖，在人间我希冀承受每一个人的温情，同时又最怕人们和我亲近。我不需要形式固定的任何东西，我所需要的是适应我幽秘心弦的音浪。我哭，不一定是伤心；我笑，不一定是快乐；这一切外形的表现不能象征我心弦的颤动；有时我的眼泪和我的笑声是一同来的；这种心波，此前只有我自己知道，我自己感着，现在你是将我整个地看透了。你说：

"我握着你的心，

我听你的心音；

忽然轻忽然沉，

忽然热忽然冷，

有时动有时静，

我知你最晰清。"

啊！这是何等深刻之言。从此我不敢藐视人群，从此我不敢玩弄一切，因为你已经照彻我的幽秘，我不再倔强，在你面前我将服帖柔顺如只羔羊。啊，爱的神，你诚然是绝高的智慧，我愿永远生息于你的光辉之下，我也再不彷徨于歧路，我也再不望着前途流泪，一切一切你都给了我，新奇的觉醒——我的爱，我的神……

你的冷鸥

神仙爱情

第 6 封

亲爱的：

啊，这是怎样的荼毒！——在这样的天气，陪着那些俗不可耐的自命为大人物的一般人吃了一顿比吃苦药更难受的饭！在他们高谈阔论的时候，我只是拼命地吸烟，让那白色的烟雾遮住那太逼真的丑像，我的灵魂同时也飘到虚空去，啊亲爱的！这时我是怎样地渴念着你！

我时常在别人觉得热闹的宴会中，我是感到可怕的孤独，假如不是游心于美妙的幻影中，我简直要窒息而死呢！做一个人是如此不合时宜，而偏偏又得虚事酬应，这可怎么好呢？天！

今天接到你的信，自然又激起我灵河中的波浪。你待我再不能真实了。但我常常如此不能相信，这实在太对你不起，不过，亲爱的，放心吧，我早已想得清楚：无论以后怎样，只要我现在是捉住人生了——并且我要常常捉住人生，纵使最悲凉最哀伤的人生，只要我捉住，我这一生就不算白活。为什么要学笨伯把什么事的任何方式皆要把持得紧紧的，而不知道变化的妙用呢？因此我纵使觉得前途是悲凉的，也应当现在享乐——况且我们的前途也不见得没有更美妙的境界。啊亲爱的，好好生活下去吧！生活的波浪越多越好，只不要破灭那维持生命的最后的一个幻影。那么我们的前途已有指路的明灯，还有什么不满意？还用得着悲叹穷途吗？

我的病已经好了，只是精神还不大好。

冷鸥

第7封

异云：

我真想赤裸裸毫无掩饰地把我最近的心情报告给你。但是我的思绪太复杂，真有如李后主"剪不断理还乱"的滋味！

我永远感到心的空虚，但是这时仍然是好现象——最不堪的是麻木的状态。在这种状态中，没有情思，没有灵感，只有无限的压迫似乎塞住毛管每一个孔穴。几乎窒了呼吸。啊，这种痛苦是我认为最不容易忍受的。不幸，每一个月中，总有这样的几天，目下就是囿于这种牢狱之中——今天也许是逃去牢狱了：心浪异常澎湃，神经也异常兴奋；念了一本日本厨川白村的《出了象牙之塔》，里头有许多话使我受了很深的刺激，他说："不论好与坏，都应当一直冲上前去，不应当徘徊歧路。"异云，我的一生就缺少这种勇气。我认为坏的，自然不敢往那条路上挪一步；但我认为好的，如果是一般人所非议的，我也不敢向前挪一步，这是多么怯弱可耻没出息的人！啊，我愿意从今以后对于生命努力去充实。在这一方面我觉得你比我强多了，你能打破一切规则，走你可要走的路，因之你的造诣要比我深了。但是我相信我的根性并不如现在这样怯弱缺乏光耀，只可惜我受传统思想的影响太深了，其实，我在一般女子里已经算是比较大胆的了，现在我才知道不够，我还要更大胆些，更看得远些。我热就要热到沸点，冷也要冷到冰点，能这样，才配了解人生；如果是半热半冷的，那只是肤浅的生活，不能象征人类的伟大！啊，伟大其实又值得什么呢？不过，人总是人，当然如出于

神仙爱情

幽谷而迁于乔木的向上心——就是如此吧，不必再深究下去了，深究下去，白白地自寻苦恼，是不是？异云，你这一个星期的工作如何？我希望你能安定地过下去，我也努力多读书多写文章。星期六我们再见。祝你高兴！

鸥

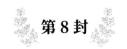

第8封

我的异云:

你昨天到学校不晚吗?甚念!

昨夜月色非常清明,我独自坐在屋里,看见摇掩光影下的藤条,反映着疏密的印痕,横亘纱窗,恰如我波动的心弦。唉,异云,我的心弦正弹着神秘幽微的歌调,我希望有人了解。但是我只听见院里悲瑟的秋风,一阵阵吹过叶丛,那里有和谐的回应!啊,我用眼向四境搜寻,但是我找不到可以象征你的东西,最后,我看见一朵奇奥变幻的行云,我想捉住它——简直我认定那是你的化身;然而它是那样地善变,转瞬之间,它化成一股清而轻的烟,随着秋风去了。啊,异云,这夜空庭,孤影独吊,是如何地寂寞呢?但是,我的心并不空虚,这一切的哀感都是外面的侵袭;我相信你是在我的灵宫深处——那是你永驻的殿堂,所以最后我是含着甜蜜的微笑睡了。我愿梦中能见着你!

今天我很想写东西,不过此刻头有些痛,稍微休息后,就开始写了。

明夜好月色,只可惜我们无法同看——不过月亮反正是一个,何妨请它做个传达心情的使者呢!

星期六三点以后我在家等你,再谈吧!祝你高兴!

冷鸥

第9封

亲爱的异云：

心神的不安定，使我觉得时间特别难过；而且这几天我是处在一个举目生疏的环境里；独坐静听窗外秋风，看窗前雁影，我的心是从胸膛里跳了出来，孤零零的，冷森得不知怎样才好？时时刻刻祷祝太阳快点走——我虽明知日子是去而不返——但这样荼毒的时光，我实在不愿爱惜，而且也没勇气爱惜。

我渴念着远离的你们，啊，异云，我的神经本来有些过敏，我只要想到你们，我的心便立刻跳了起来。我可以幻想出许多可怕的事情来，我恨不得抓住天空的一朵行云，飘我回到北平，回到我寄放心神的你们的身旁。啊，异云。从这一次体验中，我更知道人生在世所最可宝贵的是什么了——不是虚荣，也不是物质，只是合拍的心，融洽的情。以后我什么都不愿要，只要捉住你的心，陶醉在你的热情里，让日月在我头顶上慢慢逝去，让我的躯壳渐渐地衰朽，只要不使我的心孤零，我永远是感谢造物主的！

异云，这三四天我是旅行了一次新沙漠。那些学生虽对我表示十三分地欢迎，但是我所要的不是那些——那些是不能医治我灵魂饥渴的东西。唉，爱人——异云——你是知道我要的是什么的？请你用你伟大的同情来抚慰我呢！我实在狼狈到无以复加了！

今天好容易盼到回北平了，无奈倒霉的火车又误了点，今天还不知什么时候可以到北平。你今天下午到我家里，听说我还不曾回来，一定要受一点虚惊吧。异云，我真不明白我怎么越活越没出息，没有勇气；记得前几年我常是过着飘泊的生活，而现在对于这小小的旅行都这样懒惧起来，自然我可以说出相当的理由来，是因为我的心所受的创伤太多了，不能再有支持的力量了——如果再加上一点重量，我自然是担当不住的。

唉异云，这样一个心神疲弱的人，现在是投在你的怀里，你将为了她更努力地支持了；而且她除了投在你的怀里，任何地方都是不安适的啊！希望你永远温柔地用你的两臂将我环住吧。到处都是冷硬，我实在不能找到更安适的地方。

我在这里等火车，心情非常不耐烦，给你写这封信，还比较松快些。

下午我愿你是坐在我的房里等我的。啊亲爱的，好好地安慰我吧！

你的鸥

第 10 封

异云—亲爱的：

我真不知道怎样安放我的心！

昨夜我是太兴奋了，一直被复杂的思想困苦着，我头疼心酸——今早醒来时，天上还没有太阳，只见凄凉的灰银色的天幕上缀着宵来残月——这个月下啊，我曾向它流过心的泪滴，它似乎不忍离开我，让我醒来时，再见着它——这时，我禁不住伏在枕上哭了。

唉，异云，我是春天的一只杜鹃鸟，在那时候虽然是被玫瑰茶藤素馨眷爱，但是天啊，现在是秋天了，杜鹃鸟的本身除了为悼春而流的泪和血外，没有别的东西！

而且秋风落叶，甚至于黄花霜枫，它们都是用尽它们的残忍来压迫这可怜的落魄者——失掉春天的杜鹃鸟——而你呢？是一只了解愁苦的夜莺，并且你也是被一切苦难所压迫的逃难者。我们是在一个幽默的深夜中恰恰地遇见了；当你发出第一声叹息的时候，我的心就已经感到了痛楚，因此我们便不能再分开，我们发誓要互相慰藉，互相爱怜，但是风颜是多么刻薄，雪花是多么冷淡，她们时时肆口讽刺你啊！异云，我为了这件于你的伤损，我看见我的心流过血；我现在愿意她们赦免了你而来加我比讽刺更甚的毒害。唉，异云，真的，我不知道怎样来形容我心里的痛楚！

同时我也知道你为可怜我忍受一切的麻烦，有时你也为我流泪；但是我想来想去，我真对你不住，啊，异云，我现在祷祝皇天给你幸福，纵因此要我死一百次，我也甘愿！

异云啊，我从来没有遇见过对我人格的尊重和清楚更甚于你的人，换一句话说，我自入世以来只有你是唯一认识我而且同情我的人；因此我愿为你受尽一切的苦恼。

再谈吧，你的灵魂的恩人！

冷鸥

第 11 封

我的异云！

在我坐在冷清的书斋中碧纱窗前给你写信的时候，你大约正在满含秋意的郊原途上呢？啊，异云，我很深切地看见你那一双多感情而神秘的眸子向云天怅望，你好像要从凝练的白云背后寻视你的冷鸥呢。唉，爱人，我现在更相信我们是这世界中唯一的伴侣了，因为我们都在追求生命的奥义和空虚背后的光明——那种光明是这世界的一般人所不曾梦想到的境地。我们仿佛是一双永不受羁勒的天马，只知道向我们要追求的奥远[1]的路程狂奔，眼前的一切障碍都在我们手中破碎，仿佛神光的照射鬼魔——那些只能在暗影下藏身的撒旦，现在早已抱头鼠窜，再不敢作祟了。啊，亲爱的，我一切的痛苦总不是白受，我来人间总不是白来；真的，现在我是捉住我的生命了，我再不会放松它，让它如窃贼般在我面前悄逝。唉，这不是最可赞叹的生命的鲜花吗？我们好好在我们所创造的神境中享受吧！祝你精神愉快！

你的鸥

---

1 深远

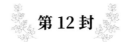

第 12 封

亲爱的云:

我想从此以后你我间的心音更要和谐了。一切云翳都消化无踪。我们好好地创造我们未来的生命吧!

异云,我一生永远憬憧于美妙的幻影中,平日颇以没有捉住这幻影的核心为恨,现在你使我弥补了以前的遗憾。我不对你说感谢,因为同时你也已经得到报酬了!

异云,安静地生活下去吧——读书,珍重身体,地上的乐园已在开始建设了;我们应当将全生命加入这种建设中,任它风狂雨暴,也不能捣破我们的和谐。啊,全能的主宰,这是他自有创造以来最美最充实的一个建设呢,何幸我们就是这其中的主角。

星期六早些来吧! 祝你快乐康健!

冷鸥

第 13 封

我爱的异云！

今天午后觉得非常疲倦，下课回来就睡下了；但阵阵穿林的秋风唤醒我惊惧的梦魂，睁眼一看，依然紊乱的案头，幽暗蔚蓝的天空，都给了我非常的打击，什么事也做不下去，只有来给你写信。啊异云！我执着笔在沉沉默想，我仿佛看见你站在学校的草原上张着神秘的眼，在向我这边望，有没有？异云，你忠实地告诉我吧。纵使你那时候是在做别的事，但我相信你的心深处正浮现着我影子呢。唉，我们原是一对同命鸟，不知何时才被赦免，不再受这别离之苦。

你的心情怎样？希望你安定好好工作。

星期六早些来。祝你高兴！康健！

你的冷鸥书于窗下

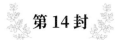

第 14 封

异云亲爱的：

在星期四一天之内，我收到你三封信，我把每一封看过之后，呆呆地坐在寂静的屋里，我遥望着对面的沙发，啊，异云，我似乎看见你了！你神秘而含情的眼，充满天真热情的唇，都逼真的在我心眼里跳动，这时候，我极想捉住这一切，但当我立起身来，我才知道这完全是我心里的幻觉。唉，异云，亲爱的！我们真是不能分离呢！

我来到世界上什么样的把戏也都尝试过了。从来没有一个了解我的灵魂的人，现在我在无意中遇到你，我们第一次见面，就是基于心灵的认识。异云，我想我是怎样欣幸？我常常为了你的了解我而欢喜到流泪，真的，异云，我常常想天使我认识你，一定是叫你来补偿我前此所受的坎坷。

最初我是世故太深了，不敢自沉于陶醉中，但现在我知道我自己的错误，我真是太傻！此后我愿将整个身心交付你，希望你为了我增加生命的勇气，同时我因为你也敢大胆创造一个新的世界了。

悲观虽是我的根性，但是环境也很有关系，现在以及将来我愿我能扩大悲观的范围，为一切不幸者同情，而对于我自己的生活力求充实与美满。

从前我总觉得我是命运手中的泥，现在我知道错了。我要为了你纯洁的爱用大无畏的精神自造命运。唉，异云！你所赐与我的真不能以量计了。

我常常想到你——尤其是你灵魂的脆弱最易受伤——使我不放心！我希望你此后将一切的苦恼都向我面前倾吐，我愿意替你分担；如果碰到难受的时候，你就飞到我面前来吧。亲爱的，我愿为你而好好地做人，自然我也愿为你牺牲一切，只要我们俩能够互相慰藉互相帮助，走完这一条艰辛的人生旅程；别的阻碍应当合力摧毁它。异云，我自然知道而且相信你也是绝对同情的。

你学校的功课很忙，希望你不要使你的灵魂接受其他的担负，好好注意你的身体；至于我呢？近来已绝对不想摧残自己了。从前我觉得没有前途，所以希望早些结束；现在我是正在努力创造新生命，我又怎能不好好保养？爱人，请你放心吧。

无聊的朋友我也不愿常和他们鬼混，而且我的事情也不少，同时还要努力创作，所以以后我也极力避免无谓的应酬。异云，望你相信我。只要你所劝告我的话，我一定听从——因为你是爱我的。

诗人来信说些什么？星期六三点钟以后我准在家等你。亲爱的，我盼望今夜能在梦中见到你，并且盼望是一个美妙的热烈的梦呢！再谈吧，祝你高兴，我的爱人！

冷鸥

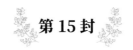

第15封

维系我心灵的云：

暮色苍凉中，一声再会，使我神痴。呆望前途，但见枯树笼烟，归鸦凄遑，不禁哀泪沾襟。念人生如白驹过隙，春华秋月，享受无几，而悲痛惨苦，担荷不尽；身非金石，宁能久持？况名疆利锁，世俗桎梏，复不时诱惑摧残，益令人于邑难禁也！

别后心情，益复无聊；凭几默坐，悲绪万端。唉，吾爱，似此狼狈心身，除投向君温柔之怀抱，尚何计以慰其落寞耶？人间名利，不足鼓起我生命之波浪；世上庸福，不足振兴我颓唐之心怀；只有异云之挚情厚谊，可苏我已僵之灵魂耳！吾爱，君诚上帝遣来弥吾之夙憾者！使吾于极痛惨溃之余，犹能恢复三春活泼之气——如此恩惠，宁不令人感激涕零耶？但愿从此与君努力享受生命之光华与美满，使黯惨之人寰中，开一朵绚烂艳丽之生命花耳！

今日天气凝寒，颇有雪意，拥炉而坐，尚无所苦，唯去君遥远，仍不免惆怅盈怀。

文章已改毕，演说稿亦草成，除授课外，无繁琐之负载，差堪告慰；不念异云课业忙否？务望节劳自爱，良晤不远，珍重不已。顺祝康乐！

冷鸥书于灯下

第 16 封

我的爱：

今天你们学校不放假吗？我呆望了一天，你也不来。我在盛筵席上多么无聊寡欢！然而也不能不振起精神对付！唉，异云，你是我生命的光、生命的花，离开你，光便暗淡，花便失色了！

这几天我的心情复杂极了，我感到独自的空虚；假若你要是在我的面前，也可以鼓起我的勇气；现在是数十里的遥隔，心头的你尽管逼真，然而我看不见你含情的慧眼，触不到你温柔的皮肤，我是如何的寒伧[1]可怜呢！不过，我为了省去你的奔波，不来也很好，可是同时又极渴望你来！

今夜是圣诞节，你们学校一定很热闹；希望你能在这欣悦的聚会中得到一些快乐，并望你的信明天可来。再见吧。我的心。

你的——

---

1 同寒碜。意为"穷困、寒酸的样子"。

第 17 封

吾爱!

生命的火花实不易捉住！有时闪烁，有时隐晦，我的心竟为它们的变幻莫测所伤害——两日来心绪乱如麻，难剪难理！

天气冷，心境更感到凄寒，我没有很多的欲求，只要我的心能永贴于你的怀抱。啊！吾爱！

现代的人心是牢困于极繁琐的压迫中，我想逃，然而怎样可能呢？异云啊！除了你再没有人能拯救我能安慰我了。你在我是如何的重要！

你近日怎样生活？我想象你的不安和怅惘恐怕也不下于我吧。真可厌这种太灵敏的感觉，风吹草动，都似乎含着严重的意义；但是，吾爱，请你千万别为我提心！这是一时的变态[1]，过了这个时期仍然是清风朗日！祝你愉快！

你的鸥上

---

1 变化

第 18 封

亲爱的!

天是冷得令人难受,同时还得在外面奔走。唉,我真觉得倦了!

一个非常美丽的幻影正在向我们招手,无疑的我们都应当注全力向这幻影追逐。我知道这一层对于我们的新生命有绝大的开展,所以除了努力达到目的外,没有更多的任务了。亲爱的,望你静心工作,等到明年榴花照眼时,我们已在万顷波涛中过甜美的生活了!

"人生得意须尽欢,莫使金樽空对月"的确是好见解。我们也不应使生命在黯淡中悄悄逝去呢。

冷鸥

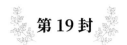

异云—我的爱：

此刻世界都已沉默，没有灯火，没有星光，只有厚如重絮的云朵凝积天空，在这阴暗寂静中，我听见心深处的弦响——啊，它们是慌乱不规则地跳着呢！

不知什么时候，风神将天空厚絮似的云撕破，于是鹅绒般的雪片便向世界飘舞——它们是那样纯洁，那样晶莹，无物可以象征，除了你美妙智慧的眼波。

雪片越飘越多，它们压在我窗前的藤枝上，细细繁响，恍若你平日的悲吟，啊，爱人，这时我心头着了火，如果此刻你是在我的身旁呵，你将看见我又像疯狂又像悲凉的眼神向那寂静阴暗的四周觑视——总而言之，外面的太冷寂，它是伤害了我。爱人，你应知我对你的情感是怎样热烈与完整了。

在你今夜的信里，又给了我一个小小的伤害。你知道，异云！你那信笺上曾溅上我的泪液，我是为你的身心的飘浮而忧伤。你想吧，以一个心神脆弱的青年，在那样愁惨的环境中，对着他自己的生命独自悲歌，是怎样的使人咽不下泪去呢。啊，异云，忧能伤人，况且你又自己太不保重，不饭不饮，身非金石，如何能支持得来啊！我愿你此后思想不必太超激烈，好好的振作精神吧。

写到这里，我忽见窗前映出一片白光，掀开幔子一看，原来雪已止了，絮云也都散了，一轮冷月，依然斜倚翠屏向人间静望，我想明月雪景，一定很美，有许多时间我没有到陶然亭去了，很希望你明天能同我去玩玩——世界除了雪后很难见到纯洁——固然这也是假的，但是我依然觉得这个假纯洁值得沉醉呢。

夜深了，想你此刻或者已在梦中。祝你梦入神秘吧。

你的鸥

第20封

异云—我生命的寄托者：

今天我看看日历已经三月三号了，虽然前两天曾下过雪，但那已是春之复归的春雪。啊，在这阳光融雪雨滴茅檐的刹那间，我的心起了极大的变化，我仿佛沉梦初醒，又仿佛长途归来；你想我是怎样的庆幸与惊喜呢？唉！我们相识已经整整一年了，——一年了，在这一年中，我们在人间镂刻上不少的痕迹，我们曾在星月下看过春的倦睡，我们曾在凌晨听过海边的风涛的豪歌，我们也曾互相在迷离的海雾中迷失过，我们也曾在浓艳的玫瑰汁中沉醉过，我们也曾在凄风苦雨的荒庙痛哭过——啊！这样一段多变化多幽秘的旅途，现在我们是走完了，我们不是初次航海的冒险者了，我们已经看惯海上的风涛，这时候无论海雾如何浓厚，波涛如何狷獗，亦不足动摇我们的目标的分毫了。啊！爱人！前面有一盏光明的灯，前面有一杯幸福的美酒，还有许多青葱的茂林满溢着我们生命的露滴，吾爱！让我们放下人间一切的负荷，尽量地享受和谐的果实吧。

吾爱！我曾听见"时间"在静悄中溜过，它是毫不留意地溜过，在这时候，我们要用全生命去追逐它，不愿有一秒钟把它放过，你知道，吾爱！它走了是永不再回来的啊！即使它还回来，我们已经等不得了；所以吾爱，我们应当好好地生活，好好地享受，不要让时间抛弃了我们。你知道，美丽的春花，是为了我们而含笑的；幽美的月夜，是为了我们而摆设的；我们是一切的主宰。

你的房屋布置得那样理想，别人或者要为你的阴暗而悲伤，但是我呢，不，绝不觉得是可悲的事情。我看见一朵墨绿色的茶花，是开在你的心上，它是多色彩，多幽秘的象征，所以吾爱，我虔诚地膜拜你，你是支配了生命的跃动，你是美化了的万汇[1]。

在这紊乱尘迷的世界，我常常失掉我自己，但是为了你的颂赞——就借着你那伟大锐利的光芒，我照见了狼狈的自我，爱人啊！我是从渺小中超拔了，我从重浊肮脏的躯骸中逃逸了，我看见一朵洁白的云上，托着毫不着迹的灵魂，这时我是一朵花我是一只鸟，我是一阵清风我是一颗亮星，但是吾爱！你千万不要忘记这完全是你的赐予啊！倘若哪一天我是失掉了你，由你心中摒弃了我的时候，我便成了一颗陨了的星，一朵枯了的花，一阵萧瑟的风，一支僵死的鸟，从此宇宙中将永看不见黑暗中进出的光芒，残杀中将永无微笑，春天将不再有鸟儿歌唱，所以吾爱，你是掌有宇宙的生杀之权，你是宇宙的神明，同时也是魔鬼。

但是美丽爱人，我早认识你了，你虽然两手握着两样的权威，而你温柔的两眼，已保证了你对人类的和慈与爱护，所以我知道宇宙从此绝不再黯淡了。哦，伟大的爱人！我真诚地为你滴出心的泪滴，你是值得感激和膜拜的啊！

异云——展开你伟大的怀抱，我愿生息在你光明的心胸之下。

你永远的冷鸥

---

1 万物

第五章　庐隐致李唯建

第六章
朱生豪致宋清如

不要愁老之将至，你老了一定很可爱。

清如！

一向我隐忍不以辨别为一件事，而今却要浮十分字样，说些什麼话吧，却又说不出来。

想不到你竟会抓住这句话，任往良的人，要而相处。

表雪峯有她进的可能。但我不怕去，当二天你送记着我的情绪。

不忙就回去吧？明天终信到西湖想再便一次我了，我还去吧我。回去自然，一切追知他什麼话些，的遵信行。

任羽之娇，不，没有什麼！

朱女二夏

一九三×年六月

澄．誊前一年絕望恨，回春些錢，謝天，我拾回了一批

的歡喜，別說大之這真近，愈說有信來的時候，每一忽鐘

是一個世紀，每一瞬鐘是一剎那，愛而想自傷四是幸

福的，在夢裡，詩會的心，也該有了出路。

你不曾責備我說過的那些要聊話了。

我蜜在喜歡你那一月的詩動見，我愛你像愛一首

詩一樣。

問你實做得有沒有計劃的人，我正要是說，大概是

一位春眠貨，一定之。理想的人生，應當充滿有神来之筆，

即未酣暢為妙，計劃即使實現了也後悔，說穩你。

失詐我辨時同學，我將教書三月過見，抽空一天撕兩張日歷。

　　　　　　　　　　　　　　　　　　李廿三
　　　　　　　　　　　　　　　　　　下午

清妃： 今天上午降了半尺，累得下起两来，心裡很不痛快

吧！昨夜我很早就睡了，可是睡不着，今天頭疼，心過中

領侠得很，頭些是倒下来。一個小學老上課時累起手来，

問他，他說起来，半背揹了揹眼睛，說，先生，我要睡覺去！

經前劉延陵有過一首詩，寫小孩子隆着丑媛渡河，拿

看鮮花青望聲院裡病著好娘，田根叫他暗歎，小孩相起

手唱，"……說得很的安慰，我們都說過了這是兒的安慰，

我們都有仙经解花了。……二瓦後了是輕青的调子，很美，

我想要在杭州记病，似乎已至看够报，看册回些爱，为
妹妹待细，看水，看船，看鸟，看溪水，看雪情况各样，地一些觉。

我觉得我已经历多的人完又少了，五官（如耳然无头回觉，
眼耳口鼻之外遥有和一官不知吗简任完适已将任完）都已
敷旧，眼睛有追视无法自来，鼻子的左孔常有鼻血，左耳些寻获
睡时像里像风事一样哄降些搞了一陈，嘴唇牙齿又有毛病，真
是。

一切兴味索然，任不去令更指诸，摘望时况多也不适再有十年
好况，我真不想好二见做人。恨名素阎宣损把身已狼二地糟蹋
一陈。

Kid,
don't worry alright just a bit of
being angry about everything ever
adore you want to kiss your big nose
ARIEL

二姊：

为了拘泥文字的缘故，他们会把"for the simple reason that…"翻作"为了单纯的理由就是…地"，for＝为了……地（因为它是adverbial phrase故用"地"字表明），simple＝单纯的（凡adjective必须加"的"字），reason＝理由，that则用"就是"表明，the却没有译出，其实照应当再加上"这个"两字，简直叫人读了气死。"只是为了…的理由"，岂不又明白又正确。最可笑的就是"地"字的胡用，譬如queenly作副词时，便会译作（应当说"被"译作）"女王地"，女王怎么地法呢？microscopically便是"显微镜地"。for some mysterious reason便是"为了某种不可思议的理由地"。总之。

时间已很晚，不噜叨了，你不知道在什么地方，我又需要再到梦里来找你了。总之你撇得我冷清清的好苦。

祝福你。

WATATA 卅日夜

夜里很冷，你冷不冷？

天真冷，我怕你衣服一定穿得很少，有没有冻坏呢？

—卅一—

好人：

晚上我做了九小时的夜工，足足坐直到四点半找上船了，

一定是你有睡着，"仲夏夜之梦"总算还没有等我"仲秋夜之梦"

令却先就成了，今天我要放自己一天假，眠书债，自己的毒明

天便浮动手威尼斯商人。

你顶好你顶可爱你顶美我顶爱你。

波顿 八日

好好好：

　　今天中午回春妹，業務隨便，以神克叶說這"你
為何還有一封信"，一拋，到桌上，信又沒有，那終知道受
了騙，可見也許沒同次在地上，也許被放在書夜下枕短
帊下加施視，仍允作第一之找地覺了一番，好像你在不
是昨天才有信給我啊。

　　說在去主的問，它度，塵塊餓得利害，最加知道這一
樣派我呼才將愛滿。

　　我們廿九三十兩天不作工，廿九是星期例假，二十補革
命紀念四個(或者說廿九是革紀念日)，二十輔是例假例假也
可)，那就不公司方面的好意，塵在地爻不甚歡迎，一切事情
天曉得！

　　我把我的書寄回去這封信把，你去旅行的時候，
了要把它隨身帶去口袋裡，等着它回去吧，但不許把
它失寄在途上。

　　幸願地上還有一個你，把那得利害，你不要辜負我，
所有的祝福！

舍我忍　宝清伊白書云汇
汉花園　廿六
1936年3月

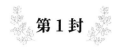

第 1 封

宝贝：

现在是九点半，我想你大概已经睡了，我也想要睡了。心里怪无聊的，天冷下雨，没有东西吃，懒得做事，只想倚在你肩上听你讲话。如果不是因为这世界有些古怪，我巴不得永远和你厮守在一起。

你说我们前生是不是冤家？我向来从不把聚散看成一回事，在你之前，除你之外，我也并非没有好朋友，不知道为什么和你一认识之后，便像被一根绳紧紧牵系住一样，怪不自由的，心也不能像从前一样轻了，但同时却又真觉得比从前幸福得多。

不写了，祝你快乐！

十九夜

第2封

澄：

带着一半绝望的心，回来吃饭，谢谢天，我拾回了我的欢喜。别说冬天容易过，渴望着信来的时候，每一分钟是一个世纪，每一点钟是一个无穷。然而想着你是幸福的在家里，竚[1]念的心，也总算有了安慰。

你不会责备我说过的那些无聊话？

我实在喜欢你那一身的诗劲儿，我爱你像爱一首诗一样。

问你寒假里有没有计划的人，我不知是谁，大概是一位蠢货，一定。理想的人生，应当充满着神来之笔，那才酣畅有劲。计划，即使实现了也没趣。祝福你。

告诉我几时开学，我将数着日子消遣儿，我一定一天撕两张日历。

朱　廿三下午

---

1 同"伫"，意为"久立；等待"。

第 3 封

　　昨夜我看见郑天然[1]向我苦笑。你被谁吹大了，皮肤像酱油一样，样子很不美，我说，你现在身体很好了，说这句话，心里甚为感动，想把你抱起来高高地丢到天上去。醒来觉得甚是爱你。

　　这两天我很快活，而且骄傲。

　　你这人，有点太不可怕。尤其是，一点也不莫名其妙。

朱

---

1 朱生豪在之江大学时的同学、好友。

第4封

　　昨天上午安乐园冰淇淋[1]上市，可是下午便变成秋天，风吹得怪凉快的。今天上午，简直又变成冬天了。太容易生毛病，愿你保重。

　　昨夜梦见你、郑天然、郑瑞芬等，像是从前同学时的光景，情形记不清楚，但今天对人生很满意。

　　我希望你永远待我好，因此我愿意自己努力学好，但如果终于学不好，你会不会原谅我？对自己我是太失望了。

　　不要愁老之将至，你老了一定很可爱。而且，假如你老了十岁，我当然也同样老了十岁，世界也老了十岁，上帝也老了十岁，一切都是一样。

　　我愿意舍弃一切，以想念你终此一生。

　　所有的恋慕。

蚯蚓　九日

---

1 指ice cream，现译为"冰激凌"。

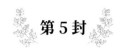

第5封

天如愿地冷了，不是吗？

我一定不笑你，因为我没有资格笑你。我们都是世上多余的人，但至少我们对于彼此都是世上最重要的人。

我一天一天明白你的平凡，同时却一天一天愈更深切地爱你。

你如照镜子，你不会看得见你特别好的所在，但你如走进我的心里来时，你一定能知道自己是怎样好法（这是一个很古怪的说法，不是？）

一切不要惶恐，都有魔鬼作主。

我真的非常想要看看你，怎么办？你一定要非常爱你自己，不要让她消瘦，否则我不依，我相信你是个乖。

Lucifer

第6封

小宋：

代你作了三首诗，这玩意儿我真的弄不来了。

春风转眼便成秋，昨日欢娱此日愁。

愁到江山齐变色，惹伊鸥鹭亦低头。

不见花前笑脸红，寂寥身世可怜虫。

寒松阡陌娥眉月，肠断坟头夕夕风。

迷离旧事逐烟尘，不尽凄凉剩此身。

梦里依稀犹作伴，一灯红影照三人。

我现在很有钱，你要我买点什么东西给你？

我叫这个名字

廿一

第 7 封

宋:

你前儿那封信里说的话一通也不通，懒得驳你了。世上没有什么人会爱你，因此只好自己骗骗自己说恋爱是傻了。顶聪明的人都是爱寻烦恼的，不寻烦恼，这一生一世怎么度过去？理学先生都有说不得的苦衷。活人总是常戚戚的，死人才坦荡荡。

我渴望和你打架，也渴望抱抱你。

你这恼杀人的小鬼。不要因为我不爱你而心里气苦。

岳飞　三月二日

你很苦，真是，谁也不疼你，快钻到被头里去哭吧。

三等无轨电车里两个女人打架，今天总算得到了点 thrilling[1]，女人打架，照例我总是同情比较好看一点的那个，事实是女人跟女人相打，总是彼此毫无理由的多，要判断谁曲谁直，永远是不可能的。

天实在太暖了，趁着好的太阳光，多走走路吧，不要闷着等死，你如要等死，死便不肯来的。

---

1 令人兴奋的事

第8封

好好：

今天毫无疑问地得到了你的信，就像是久旱逢甘雨一样。

吃喜酒真非得要妈妈同着不可，难为情得一塌糊涂，今后誓不再吃（你的喜酒当然我一定不要吃），世上没有比社交酬酢[1]更可怕的事（除了结婚而外）。

我希望你不要嫁人，如果你一定要嫁人的话，我希望你不要嫁像我这种男人（如果我也可以算是男人的话），要是你一定要嫁像我这种男人呢，那我也不管，横竖不关我事。

我今天要到街上去，买信封信纸墨水（全是为着给你写信用的），再买几本小说看。你有没有看过杜思退益夫斯基[2]的《被侮辱与被损害的》？如果商务廉价部里有这本书，我可以买来给你。

我待你好，直到你不待我好了为止。也许你不待我好了，我仍待你好的，那要等那时再说。

我要吻吻你。

魔鬼的叔父　三日

---

1 酬酢（chóu zuò），宾主互相敬酒，泛指交际应酬。

2 即陀思妥耶夫斯基

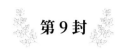

第9封

好人：

昨天梦你到嘉兴来玩，我爱你，凡不爱你的人都是傻子。在我的心中眼中以及一切感官中，你都是美到无可言喻。

天这两天变凉了，我毫无意见，随它冷热，都与我无干。

前天买了一本有趣的旧西书，*House-boat on the Styx*[1]，Styx是通阴阳两界的河名。其中当然尽是些鬼话，荷马、莎士比亚、孔夫子、伊里沙伯女王、哈孟来特、拿破仑、华盛顿等等在一起清谈口角，最被挖苦得厉害的是 Dr. Samuel Johnson[2]。书的作者是完全无名的，出版于一八九零年。莎士比亚和约翰逊博士争论莎士比亚戏曲是否莎士比亚本人所作，不能解决，去问 Francis Bacon[3]，Bacon说是他作的，莎士比亚是他的"打字员"，因为稿子由他打字，便冒认为己作，一个连自己姓名都弄不清楚（莎士比亚的亲笔签名式共有六七种不同的拼法，后来有一位先生著过一本书，发现这个名字一共可以有四千种拼法！）的人，怎么会著出 *Hamlet*[4]来呢？老莎大发急，再去问 Sir Walter Raleigh[5]，Raleigh笑笑说Hamlet既不是培根作的，也不是老莎作的，那作者正是我哩。莎士比亚说，怎么，莎

---

1 《冥河中的船屋》

2 塞缪尔·约翰逊博士，18世纪英国作家和文学批评家，曾编注《莎士比亚戏剧集》。

3 弗朗西斯·培根（1561—1626），英国著名哲学家。

4 《哈姆雷特》，莎士比亚著名戏剧及剧中主角名。

5 沃尔特·雷利爵士，美国文艺复兴时期一位多产的学者。

士比亚的作品都不是莎士比亚作的，那么究竟有没有我这个人呢？又有一个笑话，一次莎士比亚回到阳间去，在伦敦登台演*Hamlet*，大受批评家的白眼，说他完全不懂莎士比亚。一晚他们举行讲故事会，预先派定约翰逊博士做主席，因为他这个人惯会刻薄人，要是叫他等别人说过后插入一两句批评，那是非常够味的，但要他自己讲起来，便三日三夜讲不完，冗长得叫人异样头痛。第一个立起来讲的是Goldsmith[1]（他是个不会讲话的人），红红脸孔说了一些反反复复的话，便说要宣读《威克斐牧师传》前五个Chapter[2]，大家急了起来，主席先溜走了，关照从者等他读完了来唤他。还是拿破仑和威灵顿公爵商量出一个办法，假装因旧恨而吵闹起来，把会场闹得一塌糊涂，才避免去Goldsmith读《威克斐牧师传》。拿破仑问Frederick[3]大帝有没有读过Carlyle[4]所著Frederick传记（一部卷帙浩繁的著作），他说不曾，因为没有工夫，拿破仑说你现在永生了，尽管读到eternity[5]，难道还没有工夫？他说，你读了三四页便知道了。

让我亲亲你，让我爱爱你，无数的肉麻。

朱儿　三十

---

1 哥尔斯密，18世纪英国作家，著有小说《威克斐牧师传》等。

2 章；篇；回

3 应为Friederich，腓特烈大帝，18世纪普鲁士国王。

4 卡莱尔，19世纪英国作家、历史学家。

5 永生

神仙爱情

第 10 封

我想要在茅亭里看雨、假山边看蚂蚁，看蝴蝶恋爱，看蜘蛛结网、看水、看船、看云、看瀑布，看宋清如甜甜地睡觉。

我觉得我已跟残废的人差不多了，五官（想来想去只有四官，眼耳口鼻之外，还有那一官不知是简任官还是特任官）都已毁损，眼睛的近视在深起来，鼻子的左孔常出鼻血，左耳里面近来就睡时总要像风车一样哄隆哄隆搁了一阵，嘴里牙齿又有毛病，真是。

一切兴味索然，活下去全无指望，横竖顶多也不过再有十年好活，我真不想好好儿做人，恨起来简直想把自己狠狠地糟蹋一阵。

第 11 封

　　昨夜我真的梦见了你，我们都还在之江山上。你对我的态度冷得很，见了我常常不理我。后来在茅亭那边我看见你，你坐在小儿车里，说要回家去。我自告奋勇推着小儿车下山，可是推来推去推了半天还不曾下得山，却推到我自己的房间里来了。你很恼，我很抱歉。我于是把满房间的花盆都搬开，撬起一块楼板来，说从这里下去一定可以下山。可是你嘟着小嘴唇走了，我的心也扑的一声碎了。

　　星期日，如果我此地在八点半出发，十一时许可以到常熟，你还不忙就上学校去吧？

　　伤风有没有好？日子过得太慢，你有没有老些了？我真想疼疼你。

罗马教皇　廿一

第 12 封

好人：

心烦得想死，可是不再见你一面而死，又有些不甘心。

昨夜梦见汉高祖，他要我把《史记》译为英文，费了整天工夫，我把《史记菁华录》上的《项羽本纪》译完，最后一段译不出，我便对他说可以不用译。我告诉了他两句诗句，他大为得意，连忙召集群臣，大开宴会，席上把这两句诗念了出来，说是自己作的（"年年老我春光里，片片花飞是异乡"），大家一齐喝彩。我说："陛下，你忘了，这两句诗是我告诉你的。"他恼羞成怒，便把我的手指头都斫¹去了。他的女儿因为她父亲太残忍，和我商量把他杀死而一同逃走。未央宫前有一条黑水河，河里荡着一只不系之舟，我们预备乘黑夜坐这舟到上海租界里去……

我希望我是个乌龟，不痛快的时候把首尾手脚一齐缩进壳里，一切都不管账。

你很可怜，因为你居然会爱我，其实我比蚂蚁还不如。让我忘记一切一切，只记得世上有一个你吧。我疼你，我爱你，我崇拜你。

子路 十

---

1 斫（zhuó），意为"用刀斧砍"。

第 13 封

清如：

　　读了来信，我不快活，我气（不是气你），我知道我向你做了一个不应该的提议，你恕我吧。你的信给我的印象是存在于我们中间的绝大的鸿沟，谁要跨越一步谁就该杀，我如早明白这事实，我一定不要跟你做朋友。一切规矩礼法都是为一般人制定的，但为什么不能给特殊的人以较大的自由呢？说一句话走一步路都要怕嫌疑的世界，对于我是不能一日居的。谢谢你的提示，以后我把你是一个女孩子（诗礼人家的小姐，不是街头流浪的野孩子）这事实永远放在心上，感情用事的话也不敢随便向你说了。

　　一切是不痛快得令人不想活下去，想起来似乎我到你家里来也是多事，谁知道你家里的人不把特殊的眼光看我？

　　何处才能和你一同呼吸一点较自由的空气呢？要是我能忘了你，我一定忘了你，友谊如果一定要立界限，这种友谊是不卫生的。我灰心。

　　有便，也许仍然让我来杭州看你吧，男孩子是不怕什么的，只要你不怕我的话。我问你，你是不是因为我是个"男的"而有些怕我呢？祝福你吧！

　　　　　　　　照不到阳光见不到一张亲切的脸的你的绝望的朋友

第14封

清如：

一辆黄包车载了我回来，敲开了门，向陆师母招呼了一声，便飞奔上楼，放下伞，摔下套鞋，脱下贼腔的帽子，披上青布罩衫，觉得比较像一个人些，肚子里也开始觉得有些饿了，出去吃了六个馒头，回来出了一回神，倒头便睡，心酸而哭。睡到七点钟起来，马马虎虎吃了碗饭，想昏天黑地地睡下去，觉得心事未了的样子，便写信。

想着自己的一副贼腔，真又好气又好笑，你真没有理由要和我要好。你气色很好，我很快活，我总觉得你很美很美。你和我前夜梦中所见的很像，我看了看你的照片（照相馆里拍的那张），心里有点气，人工的修饰把气韵都丧失了，简直不像你。下回如赴照相馆拍照，我劝你拍一张侧面像试试，全侧面的。

此行使我充满了幸福感，你不要想象我又起了惆怅，即使是惆怅，也是人生稀有的福分，我将永远割舍不了你。近着你会使我惝恍，因此我愿常远远地忆你。如果我们能获得长寿，等我们年老的时候，我愿和你比邻而居，共度衰倦之暮年，此生之愿足矣！

回家安好且快乐？不要多想起我！祝福。

朱　十六夜

第15封

要是有人叫我不许和你写信，那我一定要急得自杀，然而一方面觉得非写不可，一方面又真是没有可写的话，如之何如之何！

好容易诌出了一个故事：

从前有一个少年，他爱了一个女子，一共爱了三年六个月，她还不知道她自己被爱着。那一天他闷不住了，红红脸孔对她说"我爱你"，刚说了个我字，莫名其妙地心中想起，"国家快要亡了！"吓了一跳，爱字上半个字只说了一半，便不再说下去，红红脸孔转身而去。后来她嫁了人，他仍旧一声不响地爱着她，国家仍是快要亡了的样子，他很悲伤，不知道如何是好。

因为华北已失去而不准人写风花雪月的诗，写惯新月体现代体的新诗的，一定要转过来学冯玉祥体，总不大妥当。马赛歌是一支好曲子，但说法国革命成功是它的功劳却太夸张了吧。你看这一段话和上面这故事有什么关系？

我廿二上午动身回家，廿六晚上回到上海，因此你在二十至廿四之间如有信写给我，请寄到我家里，我会盼着你的。

玻璃窗上有很美的冰花，今天我正式穿皮袍子，去年新做的，一直搁在箱子里不穿。

我待你好，爱你得一塌糊涂。

白痴 十八午

第 16 封

好友：

我不知道今天是年初五还是一二八[1]。唯一想得出可以说的话便是今天天气很好。

无论说什么话，总觉得很可笑，无非是一些可耻而无味的废话，然而也只有借这个方法，才能打破时间空间拦在我们中间的阻隔，要是想得出一个更好的方法，可以使我们永远在一起，又永远不在一起，那就好了，因为如果单是永远在一起，便尝不到相思的美味了。

我愿把我的灵魂浸入你的灵魂里。你在我脑中的印象一天比一天美好。我说不出话来。

朱

---

1 1936年1月28日是农历正月初五。

第17封

澄哥儿：

今天天气很好，心里有点松快，可是又闷得快要闷死的样子，要是身边有钱，一定在家里坐不住。你不知道那个 Flaubert[1] 多少可恶，净是些古怪的生字，叫人不耐烦看下去。唉，我昨夜做的梦真有趣，尸首从床板上跳起来，身上还淋着脓，哎，啧啧，我一看不对，连忙奔下楼。昨天不是我说我多么爱你吗？这种话你不用听就是，因为我怎么能自己知道我爱不爱你呢？天晓得你是多么好！我要是从来不曾读过英文就好了，那种死人工作恨一百年都恨不尽。

今天才初八，还要等你至少一星期，真心焦！唉，我透了一口长长的气。你说我写些什么好呢？我什么话都没有，你只痴痴地张大了眼睛（我说的是你的照相），一句话也不响。要是谁带点糖来给我吃吃就好了。如果我亲你的嘴，你打不打我耳光？我真不高兴，真怨。你房间里冷不冷？情形真是一年坏一年……不说了。

我在梦里筑了一座宫堡，那地方的风景真是好极了，你肯不肯赏光常来玩玩？我特为你布置了一间房间，所有房间中最好的一间，又温暖又凉爽又精巧又优雅。窗外望出去的山水竹树花草，朝晨的太阳，晚来的星月，以及飞鸟羊群，都是像在一个神奇的梦境里。你这间房间我每天吩咐一个美秀的小婢打扫收拾，但别人不许进去一步，即使你永远不来也将永远为你保存着。我真不知道要怎

---

1 福楼拜，法国小说家。

样才好，早早死了就好了，做人真没有趣味。谢谢撒旦的父亲，日子快些过去才好！你已经三十岁，是个老太婆了，实在日子过得真快，我还亲眼看你从娘肚子里一二三开步走地跑出来呢，那时我还是个毛头小伙子，如今老了，不中用了，国家大事被后生小子弄得一团糟，也只好叹口气罢了。总而言之，还是让我以这垂朽的残生爱着你直到死去吧！你是世上最可爱的老太婆。

傻老头子

第六章　朱生豪致宋清如

第 18 封

好姊姊：

今天中午回来，妹妹带着随随便便的神气对我说，"你房间里有一封信"，一跳跳到楼上，信并没有，虽然知道受了骗，可是也许被风吹在地上，也许被放在书底下枕头底下抽屉里，仍然作万一之想地空寻了一番，好像你并不是昨天才有信给我的。

说不出来的闷，空虚，灵魂饿得厉害。鬼知道这种罪几时才能受满。

我们廿九、三十两天不做工，廿九是星期例假，三十补革命纪念日假（或者说廿九是革命纪念日，三十补星期例假均可），虽承公司方面的好意，实在也并不十分欢迎，一切事情天晓得！

我把我的灵魂封在这封信里，你去旅行的时候，请把它随身带在口袋里，挈带它同去玩玩，但不许把它失落在路上。

幸亏世上还有一个你。我弱得厉害，你不要鄙夷我。

所有的祝福！

饿鬼　写于没有东西吃的夜里　廿六

第 19 封

好友：

我懒得很，坐在椅子里，简直懒得立起身来脱衣裳睡觉，看了几页小说，闭了眼睛出了一下神，又想写信，又有点不大高兴。今天有了钱，也吃到了你的糖，糖因为是你给我吃的，当然格外有味，可是你知道，一个人无论怎样幸福怎样快乐，如果他的喜乐只有自己一人知道，更没有一个可以告诉的人，总是非常寂寞的。如果我有一个母亲或知心的姐妹在一起，我会骄傲而满足地对她说，"妈，你瞧，我有一样好东西，一包糖，'她'给我的。"她一定会衷心地参与我的喜乐，虽然在别人看来，一点也不值得大惊小怪的。

编辑所里充满了萧条气象，往年公司方面裁员，今年有好几个人自动辞职，人数越减越少，较之我初进去时已少了一大半，实在我也觉得辞了职很爽快，恋着这种饭碗，显得自己的可怜渺小，可是自己实在什么都不会干，向人请托谋事又简直是要了我的命，住在家里当然不是路数。我相信我将来会饿死。

听两个孩子呼名对骂，很有味道，打着学堂里念书的调子彼此唱和，哥哥骂妹妹是泼婆大王，妹妹骂哥哥小赤佬，以及等等。

明天再说。你是天使，我是幸福的王子。

朱 十一

第 20 封

好人：

　　前晚兄弟来，和他玩了一晚一天，昨天回去时很吃力，因此写不成信。

　　你很寂寞，如何是好？我又想不出说什么话。

　　曾经梦和你纳凉夜话（据说我们已结婚了好多年），只恨醒来得太早。我希望我们变作一对幽魂，每夜在林中水边徘徊，因为夜里总是比白天静得多可爱得多。

　　我想你活不满六十岁，但也不至十分短寿（因为现在已经很老了，是不是？）我希望你不要比我先死，但如果我比你先死我也要恨的，最好我们活同样年纪。我很愿我们都活三百岁，无论做人怎样无聊，怎样麻烦，有你在一起总值得活。

　　这信暂时以此塞责[1]，等我想想过后再写。

　　我待你好。

鲸鱼　十七

---

1 抵偿过失，抵罪

第 21 封

宋:

风雨如晦，天地失色，我心寂寞，盖欲哭焉。今天虽然盼得你的信，可是读了等于不读，反而更觉肚子饿，连信封才七十字耳，吝啬哉！

不知你玩得算不算畅快？鲰生[1]无福，未能追随芳躅，惟有望墨水壶而长叹而已。

本来我也可以今天乘天凉回家去一次，但一则因为提不起兴致，二则因为钱已差不多用完，薪水要下星期才有，因此不去，下星期已说定要去，大概不得不去，并非真想去。狗窝一样的亭子间，虽然我对它毫无爱情，只有憎恶，但在这世上似乎是我唯一不感到陌生的地方。

如果你要为我祝福，祝我每夜做一个好梦吧，让每一个梦里有一个你。如果现实的缺憾可以借做梦来弥补一下，也许我可以不致厌世。

愿你好。

X　四日

---

1 鲰（zōu）生，浅薄的、见识短的人

第 22 封

姐姐：

今天早上弄堂里叫卖青梅，喊着："妹子要口伐妹子？亲妹子，好妹子，好大格亲妹子要口伐？"

真的我这么许久不见你了，不知道几时才能托上帝的福再见你一次，今天是风雨凄凄，思想起来好不伤心人也。

舍弟很客气地来信请我端午节到家里去做客人，但要我衣裳穿得楚楚一点，因为他的太太不大看得惯寒酸（或者好听一点说落拓不拘细节）的样子。实在，我对于故乡的姑娘儿们是只有叹气的，尤其是暴发户气息的小商人阶级的女儿。嘉兴是太充满商人味儿的城市，你走遍四城门也找不到一个高贵清华的少女，当然更绝对产生不出宋清如那样隽秀的才人。

我要多么待你好，每两分钟你在我心里一次，祝福你。

弟弟　星期日

第 23 封

爱人：

写一封信在你不过是绞去十分之一点的脑汁，用去两滴眼泪那么多的墨水，一张白白的信纸，一个和你走起路来的姿势一样方方正正的信封，费了五分钟那么宝贵的时间，贴上五分大洋吾党总理的邮票，可是却免得我食不甘味，寝不安席，无心工作，厌世悲观，一会儿恨你，一会儿体谅你，一会儿发誓不再爱你，一会儿发誓无论你怎样待我不好，我总死心眼儿爱你，一会儿在想象里把你打了一顿，一会儿在想象里让你把我打了一顿，十足地神经错乱，肉麻而且可笑。你瞧，你何必一定要我发傻劲呢？就是你要证明你自己的不好，也有别的方法，何必不写信？因此，一、二、三，快写吧。

第 24 封

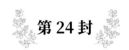

我爱宋清如，风流天下闻；红颜不爱酒，秀频易生氛。
冷雨孤山路，凄风苏小坟；香车安可即，徒此挹清芬。

我爱宋清如，诗名天下闻；无心谈恋爱，埋首写论文。
夜怕贼来又，晓嫌信到频；怜余魂梦阻，旦暮仰孤芬。

我爱宋清如，温柔我独云；三生应存约，一笑忆前盟。
莫道缘逢偶，信知梦有痕；寸心怀凤好，常艺瓣香芬。

打油诗三首

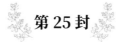

第 25 封

好人：

 昨夜我做了九小时的夜工，七点半直到四点半，床上躺了一忽，并没有睡去。《仲夏夜之梦》总算还没有变成《仲秋夜之梦》，全部完成了。今天我要放自己一天假，略为请请自己的客，明天便得动手《威尼斯商人》。

 你顶好，你顶可爱，你顶美，我顶爱你。

波顿[1]　八日

---

1 Bottom，是莎士比亚喜剧《仲夏夜之梦》中逗笑的主角。

第 26 封

天使：

又到了两点钟，真要命，近来要做夜工，把人烦死。算是校订过了两遍，校对过了三次的样子，拿到我手里仍然要改得一塌糊涂，其实偷懒些也不妨事，可是我又不肯马马虎虎。人也总是，白天尤其是上半天总是有气没力的，一过了夜里十点钟，便精神百倍，夜猫的生活虽然也颇有意味，可奈白天不得睡觉何。

每天每天看不到你，这是如何的生活。事实上你已成为我唯一的亲人了，可以寄托我心情的对象，无论是人或艺术、主义、宗教，是一个都没有，除了你。但就是你也不能给我大的启发与鼓奋，一切是虚无得可怕。

我永远爱你。

魔鬼　十二夜

第 27 封

宋：

　　你走得这样快，没有机会再看见你一次，很是怏怏，不过这也没有什么。你要不要我向你说些善颂善祷的话？

　　今天往轮船码头候郑天然，没有碰着，因为他没有告知我确实的时间，赶去时轮船已到，人已走了。也许明天会打电话给我。

　　抄写的东西我想索性请你负责一些，给我把原稿上文句方面应当改削的地方改削改削，再标点可不必依照原稿，因为我是差不多完全依照原文那样子，那种标点方法和近代英文中的标点并不一样。你肯这样帮我忙，将使我以后不敢偷懒。纸张我寄给你，全文完毕后寄在城里。

　　希望一切快乐等在你前面　要是我做你的学生，我一定要把别的功课不问不理，专门用功在你的功课上，好让你欢喜我。

　　多雨而凄凉的天气，心理上感到些空虚的压迫，我真想扑在你的怀里，求你给我一些无言的安慰。

　　永远是你的怀慕者.

三日

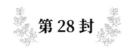

第28封

心爱：

　　昨夜梦你又来了，而且你哭。你为什么哭呢？是不是因为我们的交好使你感觉不幸？是不是因为我太不好？还是不为什么？

　　你是太好了，没有人该受到我更深的感激。开始我觉得你有些不够我的理想，你太瘦小了，我的理想是应该颀长[1]的；你太温柔婉约了，我的理想是应该豪放浪漫的。但不久你便把我的理想击为粉碎，现实的你是比我的空虚的理想美得多可爱得多。在你深沉而谦卑的目光下，我更乐意成为你的臣仆，较之在一切骄傲而浮华的俗艳之前。我明白我们在这世上应该找寻的是自己，不是自己以外的人，因为只有自己才能明白自己，谅解自己，我找到了你，便像是找到了我真的自己。如果没有你，即使我爱了一百个人，或有一百个人爱我，我的灵魂也仍将永远彷徨着，因为只有你才是属于我的type[2]，你是unique[3]的。我将永远永远多么的多么的欢喜你。

　　梦中得过四句诗，两句再也记不起来，那两句是"剧怜星月凄凄色，又照纤纤行步声"，很像我早期所作的鬼诗。

　　《孟加拉枪骑兵传》已在大光明卖了一星期满座，尚在继续演映中；《罪与罚》则如一般只供高级鉴赏者观看的影片一样，昨天已经悄悄地映完了，只有报纸的批评上瞎称赞了一阵，为着原作者

---

1 颀（qí）长，意为"细长，修长"。

2 类型

3 独一无二

和导演人冯史登堡的两尊偶像的缘故。在我看来，它还不能达到理想的地步，虽仍不失为本季中最值得注意的一个作品。除了演员的表演而外，你有没有注意到本片构图和摄影的匠心？

再谈，祝你好。伤风有没有好？做不做夜工？珍摄千万！

九日

第 29 封

好人：

我不打你手心，我待你好，永远永远永远，对着魔鬼起誓，我完全不骗你。

你想不出我是多么不快活，虽则我不希望你安慰我，免得惹你神气。

我吻你—这里—这里—这里—还有这里。

你的 十六夜

第 30 封

清如：

在家没趣，只想回上海来。一回到自己独个儿的房间里，觉得这才是我真正的家。其实在我的老家，除了一些"古代的记忆"之外，就没有什么可以称为"我的"的东西；然而三天厌倦的写字楼生活一过，却有点想家起来了。家，我的家，岂不是一个 *ridiculous*[1] 的名词。

我常常是厌世的，你的能力也甚小，给我的影响太不多，虽然我已经感谢你，要没你我真不能活。

有经验的译人，如果他是中英文两方面都能运用自如的话，一定明白由英译中比由中译英要难得多。原因是，中文句子的构造简单，不难译成简单的英文句子，英文句子的构造复杂，要是老实翻起来，一定是噜苏累赘拖沓纠缠麻烦头痛看不懂，多分是不能译，除非你胆敢删削。——翻译实在是苦痛而无意义的工作，即使翻得好也不是你自己的东西。

我们几时绝交？谁先待谁不好？

愿你好。有人说他很爱你，要吃了你，因此留心一些

常山赵子龙　十一

---

1 荒谬的，可笑的

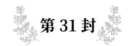

第31封

阿姊：

天冷得很呢，你冷不冷？

做人真是那么苦，又真是那么甜，令人想望任性纵乐的生涯，又令人想望死想望安息。从机械的日程中偷逃出来的两天梦幻的生活，令人不敢相信是真实，我总好像以为你不是真存在于世上，而是一个虚构的人物，我所想象出来以安慰我自己的。世界是多么荒凉，如果没有你。

今天我有点忧郁，我以你的思忆祛去一切不幸的感觉。

祝你一切的好，以我所有对你的虔敬、恋慕、眷爱和珍怜。

爱丽儿　十七夜

第 32 封

　　昨天上午八时起身，到四马路去，在河南路看见原来摆的那个旧书摊头已经扩大了地盘，正式成立一个旧书店的样子。买了一本Macauly[1]的论文集，一本Hazlit[2]的小品文集和一本美国版集合本的*Hamlet*，一共一块两毛半。杂志公司里买了《文摘》《月报》，商务新近出版的文学什么，《戏剧时代》《新诗》《宇宙风》《译文》六七种杂志，是寄给郑祥鼎的。杏花楼吃了两只叉烧包、两只奶油包、一碗茶，以当早餐，不过两角钱，颇惬意。这样回来吃中饭。因为是国耻纪念，故不去看影戏（其实我近来星期日总不看影戏，看影戏常在星期一夜里，因为这样可免拥挤）以致悲哀。在房间里抄稿子，傍晚出去。我说即使我有爱人在上海，人家那样并肩漫步的幸福我也享受不到，因为一到上海来，我已经完全没有了走慢步的习惯，即使是无目的地散步，也像赛跑似的走着，常常碰痛了人家的脚。买了四条冰棒回家吃了。一个下午及一个晚上，抄了一万多字，然后看一小时杂志，两点钟睡觉。斯乃又一个星期日。

　　我觉得星期日不该去玩，方可以细细领略星期日的滋味，尤其应当一个人关在房间里。但星期六晚上应当有玩一个整夜的必要。

　　你的诗，仍旧是这种话儿，这种调子，这种字眼，蔷薇、星月、娇鸟、命运的律、灵魂的担子、殊有彻底转变一下的必要。

我悄悄儿跟你说，我仍旧爱你

---

1 麦考莱，19世纪英国史学家。

2 赫兹里特（1778—1830），英国散文作家、文艺批评家。

第 33 封[1]

亲爱的朋友：

心头像刀割一样痛苦，十八天了，她还是没有来。

我知道我太不配接受她的伟大而又纯真的爱，因此所享受的每一份幸福，必须付出十倍于此的痛苦做代价，因此我便忍受着这样的酷刑。

她是个太善良的人，她对谁都那么顾恤体贴；她也是个太老实的人，她说的话都没有半分虚伪。她不会有意虐待我，或对我失信。可是她是个孝顺不过的女儿，在她母亲强有力的意志下，我的脆弱的感情，只好置之不顾了。我能怨她吗？不，我因此而更爱她。

亲爱的朋友，恕我把你和她做一个比较，你是我所认识的人中最可爱最完美的一人，可是她的美丽她的可爱，永远是发掘不尽的宝藏。你只是她过去生命中的一部分，是她美丽的灵魂投射在我心镜上的一个影子，因为我的感受力非常脆弱，不能摄取她的美丽灵魂的全部，然而我所能摄取的却已经深深地锁在我的记忆里，没有什么力量可以把它夺去。

---

1 这是朱生豪在1943年春写给宋清如的一封未曾发出的信，也是朱生豪写给宋清如的现存的最后一封信。这年春节前，宋清如回常熟娘家住了20多天，这是他们婚后时间最长，也是最后一次离别。朱生豪在家度日如年地等待着，每天展开纸笔，抒写对于宋清如的思念之情，每天写一点，直到宋清如回来。这封信虽然最终没有寄出，但却生动地记写了朱生豪对于宋清如真挚动人的爱情。

迷迷糊糊地睡了一觉，醒来就盼望天明，不料邻家的钟才敲上一点，这时间怎样挨过去。起来点了火，披上衣裳，坐在被窝里，写上几行，反正你也不在这里。她们也不在这里，一个人由得我发疯。

明天大概不会下雨了，历本上说是好日子。你没有理由再不回来。要是你再不来，那我必须在盼望你的焦虑上，对你的平安忧虑了。最亲爱的人，赶快回来吧！大慈大悲的岳母大人，请你体恤体恤一个在热恋中的孩子的心，不要留着她不放吧！她多住三天两天，在你是不知不觉中很快过去了，可是她迟回来一天，这一天对我是多么漫长的时间啊！

但愿你平安着！

听见邻人家孩子呼唤母亲的声音，就勾起我失母的悲哀。二十年了，她的慈爱的音容，还是那么深刻在我的心上。我不愿把一般形容母亲的慈祥二字放在她的身上，因为她到死都只是一个□□[1]的好心情的孩子。你是一个有母亲的人，你一定不会想到一个早年失母的人，是怎样比人家格外希望有一个亲切的人永远在他的身边。

今天濂姐[2]回来，给她的母亲放衣服，我见了她，忍不住要哭。

今年的春天，我们婚后第一年的春天，是这样成为残缺了，我为了思念你而憔悴。

梅花在你去了以后怒放，连日来的风雨，已经使它消瘦了大半，它还在苦苦地打叠起精神，挨受这风朝雨夕，等待着你的归来。

昨夜一夜天在听着雨声中度过，要是我们两人一同在雨声里做梦，那境界是如何不同，或者一同在雨声里失眠，那也是何等有味。

---

1 因为原信蛀蚀比较严重，有一些字已经无法分辨了。
2 曹思濂，朱生豪的表姐。

第六章　朱生豪致宋清如

可是这雨好像永远下不住似的，夜也好像永远过不完似的，一滴一滴掉在我的灵魂上，无边的黑暗、绝望，侵蚀着我，我□□着做噩梦。

要是这雨再阻延了你的归期，我真不知道我怎样还有勇气支持下去。每一天是一个无期徒刑，挨到天黑上了床，就好像囚犯盼到了使他脱罪的死亡，可是他还不知道他的灵魂将会上天堂或下地狱。要是做梦和你在一起，那么我的无恨的灵魂便是翱翔在天堂里，要是在噩梦或失眠中度过，那就是在地狱里沉沦。天堂的梦是容易醒的，地狱的苦趣却漫漫无尽，就是这一夜天便等于一个永劫。好容易等到天亮了，又开始了一个新的无期徒刑。

我不愿向上帝祷告，因为他是从来不听人的话的，我只向你妈祷告。好妈妈，天晴了赶快放她走吧！

天气是那样捉摸不定，又刮起风来。要是你今天来了多好。一定是你妈出行要拣好日子，明天下了雨怎么办？我一定经受不住第二次的失望，即使那只仅是一天的距离。今夜是无论如何不能入睡的了。

明天，明天，明天，明天该是这半月来最长的一天，要是你不来，那一切都完了。

二十日

昨晚听了一夜的雨声，今天起来眼看着天色如此阴沉，心里充满了难言的悲哀。于是讨厌的雨又下起来了。下午抱着万一的希望，撑了伞走到烂泥的马路上，到车站去候你，结果扑了个空，回来简直路都走不动了，眼前只是昏沉沉的一片。今天他们都吃喜酒去了，剩下我一个人，中饭吃了半碗冷粥、□碗□□□，晚饭吃了一碗冷开水淘冷饭，独身生活也过了这么许多年了，从来没有像现在这样凄凉过。

大概你夜车是不会来的，即使来我也再没有勇气到车站来接你。明天也许会晴了，我希望你的不来只是为了天气的理由。

亲亲，在我们今后的生活里，是不是要继续重复着这样难堪的离别呢？想起来真太惨人！为什么我们不能每时每刻都在一起呢？

二十一日

又下雨了，这雨大概是永远下不完的，你也永远不会再回来了。

睡着了梦里也是雨声，醒来耳边也是雨声，我的心快要在雨声中溺死了。我没有再希望的勇气，随便天几时晴吧，随便你几时来吧，我都不盼望了，让绝望做我的伴侣。昨晚写了一封快信想寄出，可是想不出它有什么目的，还是不要寄，让你想象我是乖乖的，不要让我这 Intruder[1] 破坏了你的天伦之乐吧。

我一点不怪你，我只是思念你，爱你，因为不见你而痛苦。今天零点多钟便起来望天色，写了这几句话。我一点不乖，希望你回来骂我，爱你的打骂，也胜于受别人的抚爱。要是我们现在还不曾结婚，我一定自己也不会知道我爱你是多么得深。

虽然明知你今天不会来，仍然到车站望了一次。雨停了，地上收干了，鹁鸪也不叫了，空气中冷得厉害，明天你总不要再使我失望了吧？

只要仍然能够看见你，无论挨受怎样的痛苦都是值得的，可是

---

1 闯入者

我不能不为我们浪费的年华而悲惜。我们的最初二十年是在不知道彼此存在中过去的。一年的同学，也只是难得在一处玩玩，噩梦似的十年，完全给无情的离别占夺了去。大半段的生命已经这样完结了，怎么还禁得起零星的磨蚀呢？

梅花已经零落得不成样子了，你怎样对得起她呢？

今天以愉快的期待开始，好鸟的语声催我起来，阳光从东方的天空透出，希望能有一个 happy ending[1]，结束这十多天来的悲哀。忙着把久未收拾的房间清理了一个早晨，现在还没有吃过早餐（昨天早上陆弟拿进一碗白米粥来，我吃了两顿，晚饭吃了一只粽子），坐下来写这几行。抬头望着窗外，我真不忍望那憔悴的梅花，可是院南的桃柳欣欣向荣，白云是那么悠悠地飘着，小鸟的鸣声依然好像怪寂寞的，要是这空气里再有了你的笑语□□，那么春天真的是复活了。相信我，这许多天来我不曾对你有丝毫抱怨，可是今天你再不来，我可不能原谅你了。

想不到今天又是这样过去，我希望明天还是下雨吧，因为晴天只是对我的一个嘲笑。

第三次从车站拖着沉重的脚步归来，头痛，腰酸，身上冷得厉害，我的精神已经在这几天完全垮了。

为什么？为什么？为什么？

二十三日下午

---

1 愉快的结局

附录

　　文豪们用情书慢递对爱人的思念，让我们知道像鲁迅和朱自清这样的作家不是只能出现在教科书里，他们也是普通人，也曾热烈地追求过爱和自由。读完这些20世纪最值得珍藏的情书，希望你遇到的人，觉得你比世界更重要。

　　其实，浪漫的不是情书，而是慢慢来的一种态度。编者另附一生只写给一人的信纸和情侣一起做的77件事，因为读情书，也需要仪式感。

附录 A

一生只写给一人

附录 A

附录 B

情侣一起完成的 77 件事

至 少 还 有 爱 情

去游乐场	一起 做家务	一起养宠物
经常 一起做饭	时常 送她鲜花	给彼此 吹头发
买很多 情侣装	体验一次 陶艺	一起 锻炼身体	一起 规划未来
亲亲抱抱 举高高	崇拜他 宠爱她	一起读完 一本书	一起堆 一次雪人
夏夜牵手 压马路	去果园里 摘水果	一起去 寺庙祈福	去拍一次 新年照

偶尔给他刮胡子　做最用心的爱人　拥抱时抱得很紧

成为彼此的偏爱　你在闹他/她在笑　比赛下任何一种棋　戴同一副耳机听歌

一起在冬天吃火锅　一起去各自的母校　给彼此起专属昵称

一直用情侣手机壳　一起撮合成一对情侣　经常对彼此说 我爱你　做一个宠夫/妻狂魔

逛超市买爱吃的零食　躲在被子里看恐怖片　逢年过节一起包饺子

爬上山顶看城市夜景　培养一个共同的爱好　做彼此最好的倾听者　给彼此提供情绪价值

置顶彼此的微信对话框	给不拘小节的他敷面膜	经常一起泡脚	和彼此的朋友相处融洽
过马路永远让她站里边	下雨天依偎在一起听雨		一起去看偶像的演唱会
去彼此喜欢的城市旅行	互相分享小时候的囧事	保存一些彼此的"丑照"	一起见证一场别人的婚礼
一起攒钱：创建爱情基金	一起给未来的宝宝取名字		阳光明媚的日子去放风筝
去露营一起动手搭帐篷	去海边看一次日出和日落	疲惫的时候给对方按摩吧	去坐摩天轮在最高处拥吻

神仙爱情

拍照或拍视频记录生活点滴	一起打卡各种书店和图书馆	改掉一个彼此不喜欢的缺点	一起拥有幸福肥一起减肥
重要的纪念日陪在彼此身边	彼此做得好的地方要多赞美	时常一起回忆一些恋爱细节	努力成为一个很赞的伴侣
把家里布置成彼此喜欢的样子	耐心做一个有难度的手工	偶尔准备对方意想不到的惊喜	有些说不出口的话写给对方
偶尔给他"放假"去畅玩游戏	在樱花季给她拍一张美美的照片		先起床洗漱的人为对方挤好牙膏
分享彼此每天开心的和不开心的事	去吃自助餐一起扶墙进去扶墙出来	给对方买一个他/她想买很久但舍不得买的东西	满心欢喜共赴白头

做完这77件事，成为更爱彼此的人吧。